50歳からのゼロ・リセット

本田直之

青春新書
INTELLIGENCE

序　50歳は人生最大の転機であり、チャンスでもある

わたしは2018年で50歳になりました。

子どもの頃、テレビを見ていて「おじいちゃんだな」と思っていた『サザエさん』の磯野波平は、なんと54歳。ほぼ同世代になったわけです。

しかし、『サザエさん』の放映が始まった昭和40年代、企業の定年は55歳で、男性の平均寿命は60代後半、女性は70代前半でした。現在は定年が65歳になり、平均寿命は男女それぞれ10歳以上伸びています。

定年を間近に控え、茶の間で新聞を広げていた波平さんの時代で言えば、今の50代は当時の30代後半くらいの感覚だと言えるのではないでしょうか。あなたの周りを見ても、波平さんレベルの貫禄を醸《かも》し出している50代は少ないと思います。

20歳前後で社会に出て、約30年。1つの会社に勤め続けてきた人も、転職を何度か経験

してきた人も、独立して経営者となった人も、フリーランスとして働く人も、80歳を一応のゴールと考えるなら、50歳は折り返し地点を過ぎたあたりです。

わたしは、**50歳という年齢が自分を変える最後のチャンス**だと考えています。

ここからさらに前に進む人生とするのか、ゆっくりと後退していく人生でよしとするのか。あなたの選択次第で、人生をより充実させることができます。

そういう意味で、わたしは**50歳は折り返した人生における新入社員**と考えています。まさに元号も令和に変わり、何かを変えるにはうってつけのタイミング。今までの自分をいったんリセットし、新たな学びを得て、変化していく自分を楽しみたいものです。

進化論で有名なダーウィンは「唯一生き残ることができるのは、強い者でも賢い者でもなく、変化できる者である」との言葉を残したとされていますが、いつの時代も生き残るのは、変化に対応できた者です。

例えば、わたしたちが新卒で就職した時代とは会社と社員の関係も大きく変わっています。1つの会社で勤め上げ、十分な退職金を受け取り、年金と合わせてリタイア後を生きていくというモデルが通用したのは団塊の世代まで。

法改正もあり、企業は65歳まで働ける環境を用意するようになっていますが、実態は50代での役職定年、60歳からの雇用延長によって給料がどんどん減っていく仕組みになっています。一方で退職金制度そのものを持たない企業も増えており、年金制度についても当てにできない時代になってきました。

しかし、こうした変化を嘆いていても仕方ありません。

環境は変化します。変わっていくならば、自分で考え、動いて、対応することです。

人間関係で言えば、若い人たちと積極的に付き合い、素直に学び、新しいやり方、考え方、未体験の物事にチャレンジしてみましょう。

若い世代はいつもその時代の環境の変化に合わせた生き方、行動スタイルを身に付けています。今の50代がかつて新人類と呼ばれたように、いつの時代も上の世代は若者をカテゴライズし、区別して、安心しようとします。

しかし、**時代の空気を知りたければ、年配者ではなく若者と付き合うべき**です。自分たちと違うといって敬遠していても何も始まりません。ダーウィンではありませんが、そういう人は、やがて淘汰されていくことになるのです。

ソフトバンクグループの創業者である孫正義氏も、次のように言っています。

「日本の悪い癖は、自分たちがわかる過去の世界のことを本業と呼ぶ。本業からはみ出すやつは危険なやつだと、邪道だと、すぐに言いたがって、いかがわしい目で見るわけです。新しい文化というのは常にいかがわしいところから生まれる。ビートルズだって、当時、僕らが子どもだったころは、いかがわしいと。あんなのを聴いたら不良になると言われたわけですよ。でも今では音楽の教科書にも出てくるでしょう」（Ｙａｈｏｏ！ＪＡＰＡＮ「平成から令和へ　インタビュー・平成、そして新時代」）

新しい時代は若い人たちが作ります。時代の変化に柔軟に対応していくためにも、50代からは意識して若い人たちと付き合っていくことが大切です。

50歳手前で気づいた、時代に対応しきれていなかった自分

わたしは「**人生は壮大な実験である**」と考えています。

常にワクワクすること、何事にも縛られず自由でいられる方向へと実験を繰り返し、人生を舵取りしてきました。

例えば、ハワイで暮らすという夢を実現させるため、40歳を前に上場企業の役員を退任し、ハワイと東京という2拠点でのデュアルライフを始めました。ロールモデルとなる人はおらず、スマホもない時代で、本当に成り立つかどうかわからないままの実験でしたが、結果的にはうまくいきました。

現在は、ベンチャー企業の投資・育成の仕事をメインに、本を73冊出し、トップシェフを集めたイベントプロデュースや明治大学、上智大学などでの非常勤講師、ワインスクールの講師、アミューズに所属してテレビ出演などもしています。

1日24時間のうち、考えようによっては0時間、考えようによっては24時間仕事をしているような感覚です。正直に言って遊んでいるのか、仕事しているのか、と区切る意識がありません。仕事と遊びの垣根がなく、楽しいことだけやるという感覚で生き、柔軟な発想でいることを大切にしています。

そんなライフスタイルを築いてきたことで、わたしは「変化に対応できる」という自負を持っていました。ところが、50歳の手前で環境の変化に適応しきれていない自分に気づかされたのです。

それは今から6年前のこと。

「YouTuber《ユーチューバー》をマネジメントするビジネスで起業します」と相談を受けました。もちろん、YouTubeもそこで動画を発表するYouTuberの存在も知ってはいました。しかし当時、それが大きなビジネスに発展していくとは思えず、「がんばってね」とは言ったものの、具体的なアクションは起こしませんでした。

しかし、その年に設立された日本初のYouTuberのマネジメント会社であるUUUMは4年後に上場。今では200億円近くの売上を上げる企業に成長。すばらしい業績を出し、成長余地は計り知れず、子どもたちの将来なりたい職業ランキングの上位にYouTuberが入っています。

「年齢に関係なく成長できる」ことを示してくれた人

変化に適応する柔軟さ、やわらかい発想を大事にしてきたと自負するわたし自身が、大きなトレンドを見逃してしまったことに、少なからずショックを受けました。

きっと多くの同世代が、仕事をはじめとしたさまざまな場面でわたしと似たような「50

歳の壁」にぶつかっているのではないでしょうか。

そこで、「俺も、もう年だし、新しいことはわかんないよ」と苦笑いで済ませてしまうこともできるでしょう。子どものころ、親の世代がテレビを見ながら「最近のタレントはみんな顔も一緒で、誰が誰だかわかんない」と言っていたように、こちら側とあちら側に線を引くことでラクになる気持ちもわかります。

しかし、**人はやる気になれば、いくつからでも変わることができ、成長していくことができます。その秘訣は、「自分には関係ない」と思わないこと**です。

わたしが壁にぶつかったときに思い出したのは、伝説のアイアンマン・稲田弘《いなだひろむ》さんのことでした。

稲田さんは定年退職後の60歳で水泳を始め、69歳からロードバイクの楽しさに目覚め、翌年70歳でトライアスロンに初出場。２００９年には76歳で、長崎県の五島列島で開催されたアイアンマン・ジャパンというアイアンマンレースに出場しました。このときはランで制限時間オーバーとなり失格になったものの、３年後の２０１２年、80歳のときにハワイ島で行われたアイアンマンワールドチャンピオンシップを初完走。さらに、86歳の今も出場し続け、世界最高齢のアイアンマンとなった人物です。

トライアスロンは、スイム（水泳）とバイク（自転車）、ラン（マラソン）の3種目の総合時間を競う耐久レースです。さまざまな距離設定で競技がおこなわれていますが、最も一般的なスタンダード・ディスタンス（オリンピック・ディスタンス）は、スイム1・5㎞・バイク40㎞・ラン10㎞の合計51・5㎞。公式レースの中で最も総合距離の長いレースが先のアイアンマン・ディスタンスで、スイム3・8㎞・バイク180㎞・ラン42・195㎞の合計約226㎞にもなります。

稲田さんは現在もコンスタントにトライアスロン、アイアンマンレースに出場し、会場からスタンディングオベーションを浴び、世界中の人たちからリスペクトされています。

わたしは何度もアイアンマンに出場していますが、稲田さんの姿から、人は自らアクションを起こせば年齢に関係なく成長し続けられることを学ばせてもらっています。

「気づけた」人からチャンスが広がる

50歳から小さな実験を始めるきっかけは、そこここにいくらでも転がっています。

ゼロから学び直す意識を持てば、変化に対応するための一歩を踏み出すのは簡単です。今では世界中で称賛されている稲田さんも、最初は健康維持のために水泳を始めただけでした。これは一流のアスリートやビジネスパーソンにも共通することですが、最初からすごい人というのはほとんどいません。

その人が何らかの結果を出したとき、周囲が「すごい」と思うだけで、最初はみんな凡人です。ただし、「こうなりたい！」「あれをやってやる！」という思いがあるからこそ進化し、成長していく。正直なところ、人の能力にはそんなに大きな差はないのです。

違いはいくつになっても「成長したい」という思いを持って日々生きているかどうか。それは持って生まれた能力よりも、よっぽど大事な力になります。

ですから、「もう年だから、あれができない」「自分にはもともとこういう能力がないから」と嘆きながら立ち止まっている人は、まず**自分が何を理由に踏みとどまっているのかに気づけたことをプラスに捉えましょう。**

若手とのコミュニケーション能力が乏しい。英語力がない。デジタルデバイスが使いこなせない。体力がなくて疲れやすい。今、この瞬間、自分にネガティブな要素があることに引け目を感じることはありません。

問題点がわかっているのなら、それをなんとかする方法を考えればいいだけです。すごい50代になるか、ショボショボの50代になるかの違いは、気づきを行動に移すかどうかの差に過ぎません。

小さな一歩、小さな実験が大切です。その手前であきらめてしまったら、成長も止まります。足りないことがわかったら、動きだすだけです。

わたしが50歳からの人生にワクワクしている理由

わたしが50歳に向けて取り組んできた実験の1つは、体を衰えさせないことです。トレーニングやケアの仕方を変えながら、年齢とともに変化する体のコンディションに合った方法を探っていきました。これは特別なことではなく、トップアスリートもトレーニング法などを調整しながら、変化していく体の状態に合わせて、常にその時その時で最高の状態を保つための努力をしています。

わたしは50歳の節目の1つのゴールとして、アイアンマン、そしてマラソンの自己最高記録の更新という目標を立て、達成しました。

アイアンマンでは41歳のときに出した11時間55分というタイムを40代の間ずっと縮めることができずにいましたが、50歳になった直後に出場したバルセロナでのアイアンマンレースで11時間35分の記録が出たのです。

9年ぶりの11時間台。それも20分も自己最高記録を更新できたことは、自信になりました。その後、2019年の東京マラソンでこれまでのフルマラソン自己最高記録だった3時間45分を更新。3時間36分で完走することができました。

とはいえ、そもそもわたしは走るのが好きだったわけではありません。学生時代、水泳はやっていましたが、どちらかと言えば長距離は苦手でした。

そんな人間がトレーニングを積み、普通ならタイムが下降線をたどるはずの50歳から逆に上昇曲線を描くためのチャレンジをする。そういうチャレンジができることも含めて、わたしは50歳からの人生にワクワクしています。

また、こうした考え方ができるのは、周りにいる仲間の影響もあります。

わたしのいるトライアスロンチームには、50歳を超えてからタイムを上げているメンバーが何人もいます。**向上心を持ち、若手のコーチから学べるところは学び、公私ともにチ**

ャレンジする。そんなコミュニティに属していると、それが当たり前になっていきます。

逆にこれが「そろそろ体力的にしんどくて」「最近は目が見えにくくて、老眼かな」「会社でリストラが始まってさ」と言い合いつつ、赤ちょうちんで一杯やっているコミュニティにいたとしたら、まさかトライアスロンをやろうとは思わなかったでしょう。

人が自分の周囲の環境から大きな影響を受けることは、行動心理学の研究でも明らかになっています。そういう意味では、**50歳という節目の時点でどんなコミュニティに属しているかは、その後の人生に少なからず影響を与える**と言えるでしょう。

もし、マンネリ化を感じている、刺激が足りないと思っているなら、外のコミュニティに参加してみましょう。それも小さな一歩、小さな実験です。

予定通りにいかない人生だからこそ、楽しみ方がある

ちなみに、これまでわたしが接してきた一流の経営者たちも、実験を繰り返すタイプの人たちでした。

彼らは壮大な目標を掲げる一方で、長期の詳細な事業プランは立てません。なぜなら、

変化の激しい社会ではどれだけ綿密な予測を行ったとしても、主力事業がいつ先細っていくかわからないからです。

1つの事業がうまくいかなくなったとしても、もう終わりではありません。そもそもビジネスは計画通りにいかないものです。事業計画は「そうしたい」という意思表示でしかありません。いざ走り出してみたら思わぬことが起きるのは、わたしたちの人生も同じでしょう。

そこで、思った通りにならない、こんなはずじゃなかった……と嘆くだけでは、自分の人生に対してあまりに受け身過ぎます。何より楽しくありません。

こうきたかーと驚きながらも次の一手を練っていく。変化を受け入れつつ、目標に向けた計画をどう立て直し、リスタートするかがすべてです。

それは働き方にも通じると思います。変化していく環境や自分自身に対して何も変えずにいたら、取り残されていくだけです。

ところが、多くの人は20代~40代で続けてきたやり方、考え方、常識を変えようとしません。体も変わる、世界も変わる、環境も変わっているのに、今までの場所にとどまってしまっているのです。

これ以上、会社で出世を見込めそうにない。

会社の業績が悪くてリストラが始まった。

特に現状に不満はないけど、燃えるようなこともなくなった。

そんなとき、どう対応するか。決められるのはあなただけです。

そして、一度決めた方向性がうまくいかなくなったのなら、そこで進路を変更する柔軟性を持つこと。繰り返しますが、50歳はあえて変化を選択することができる最後のチャンスなのです。

正解はありません。

過去の経験も参考になりません。

50歳は人生の折り返し地点からゴールに向けて走り出す新人ランナー。時代も平成から令和に。まさにこのタイミングで自分をいったんリセットし、変化と実験を楽しみながら走り抜けていきましょう。

50歳からのゼロ・リセット

目次

第2章

変化の時代、「何を」譲《ゆず》らずに生きるのが幸せか

変わるビジネス環境、お金、自分自身…へのシンプルな対応法

第3章

今こそ、自分の「現在地」を確認しておく

収入、人間関係、自分の時間…充実した人生を送るための基本

第4章　「自分の人生」を取り戻す、この小さな一歩
ワクワクする50代に必要な、たった1つの動き方

編集協力／佐口賢作
DTP／センターメディア

第1章

「手放す《リセット》」ことで自分の本当の強みが見えてくる

身につけたスキル、知識、経験…の生かし方

パターン化された毎日が頭を固くする

わたしはこれまでリセットする生き方を大切にしてきました。

根底にあるのは、自分の頭が固くなっていくことを避けたいという気持ちです。

その実践として、**人生の節目節目で強制的に今までの快適な生き方、楽な生き方をリセットして、わざわざやりにくい方向へ持っていく**ようにしてきました。

2011年にハワイの家、東京の家とオフィスという3つの拠点で一気に引っ越しをしたのもゼロ・リセットの実践です。

長く住んだ家、使い慣れたオフィスは居心地のいいものになっていました。

しかし、居心地の良さというのは危ういものです。

快適な環境は、生活も、考え方もパターン化させていきます。なぜなら、安定しているなら、あえて何かを変える必要がないからです。

だからこそ、わたしは学生時代から「変化のない生き方をしているな」と気づいたら、環境をリセットする面倒くさい人生を歩んできました。

パターン化された自分を壊し、やわらかい思考でいたい。

頭が固くなるのは避けたい。

そのために、引っ越しをする、運動を始める、勉強をするなど、日常を変える小さな実験を繰り返し、生活全般をパターン化しないよう心がけてきました。

それでも「序」で書いたように、日本初のYouTuberのマネジメント会社の創業と上場という大きなトレンドに気づくことができませんでした。どこかで「自分には関係ない」と切り離していたからです。


そこで、「俺も、もう年だし、新しいことはわかんないよ」と苦笑いで済ませてしまうこともできるでしょう。しかし、わたしは50歳だからこそ、ゼロ・リセットして、新入社員の気持ちになろうと考えました。

最近は20代、30代の人たちと積極的に会うようにしています。また、これまで都心での移動は〝時間を買う〟という意味でタクシーと決めていましたが、ひさしぶりに山手線や地下鉄を使う機会も増やしました。すると、やはり乗らないと気づかない発見があります。

中吊りの広告が減った一方、ドアの上のモニターで流れる動画のコマーシャルが増え、それは音声なしでもメッセージが伝わるよう工夫されています。

こうしたことは時代の変化に対するちょっとした気づきに過ぎません。しかし、それが新しいアイデアにつながることもあります。


小さな気づきと言えば、わたしは2007年にアメリカで初めてiPhoneを見たとき、「これはすごい!」と興奮し、すぐに購入しました。ところが、その直後、日本に帰国して周囲の同世代に自慢したところ、その反応は今ひとつでした。

「こんなのボタンもないし、使いにくいよ。これは流行んないね」と。ほとんどの人が携帯電話の利便性は揺るがないと考えていました。

たしかに初期のiPhoneはマルチタスクもできず、仕事で使おうとするといろいろな問題がありました。それでも自分の感じた可能性を信じて、使いまくり、フリック入力も練習し、同世代の中ではいち早くスマホを体の一部にできたと思っています。

その結果、今では仕事の8割から9割はiPhoneで済ませることができ、完全に秘書代わりとなっています。1つのデジタルツールによって場所にも時間にも縛られずに仕事ができるようになり、わたしのライフスタイルは大きく変わりました。

ｉＰｈｏｎｅという気づきと、変化を好む性格が、今のわたしの生活を快適にしてくれたのです。

変化に気づいたら「とりあえず試してみる」

あの頃、「俺はガラケーで十分だから」「スマホなんかいらない」と言っていた人は完全に時流から置き去りになっています。時代の流れを無視し、新たなデジタルツールを「自分には必要ない」と思ってしまったら、そこで進化が止まってしまうからです。

大切なのは、「試しにやってみよう」という気持ちです。年齢に関係なく、この気持ちを持ち続けないと結果的に損をすることになります。

試してみた結果、自分には必要ないと感じたら取り入れなければいいだけの話です。でも、試してみないことには本当の価値はわかりません。

テクノロジーは前にしか進みません。試しにやってみて、自分の仕事や生活が便利になるという予感がしたら、その恩恵を受けられるように徹底的に使い倒しましょう。

変化を否定して「変わるのは嫌だ」という人の人生は、ゆるやかに、でも確実に後退していきます。

わたしが今、小さな実験として実践しているのはＳｉｒｉ《シリ》を積極的に使うことです。子どもたちのパソコンやスマホの使い方を見ていると、何かを検索するときもキーワードを音声で入力しています。キーボードはもちろん、フリック入力も手間がかかるという感覚です。

実際、音声入力を試してみると、日々精度は上がっていて、検索やデバイスの操作が話して済むならこんなにラクなことはありません。昔、一生懸命になってキーボードのブラインドタッチを覚えましたが、今後は確実に過去のスキルになっていくことでしょう。

このように**変化の兆しに気づいたのなら、今のうちから試して、慣れておくこと**です。今あるやり方よりも効率的で、生活をより良く変えてくれるツールやテクノロジーが出てきたのなら、その波に乗っていくこと。変化に対してアンテナを立て、生きていくこと。もっといいライフスタイルにするには、もっといいワークスタイルにするには、どうしたらいいのか。

そんなことを考えながら生きていきたいものです。

やがて使えない人になるビジネスパーソンの共通点――

とはいえ、人間は本能的に安定を好む生き物です。

常務としてバックスグループという会社を上場させたときもそうでしたし、その後、会社を経営していても感じることですが、従来のやり方を変えようとすると絶対に社員から反発があります。

「ずっとやっているやり方だから続けましょう」

「今までのやり方が一番いいんです」

「変えるまでの手間、定着させるまでの期間はどうするんですか？」

１００人いたら１００人が反対するわけではなく、一部の人が強く抵抗してきます。

こちらが「ここでシステムを変え、仕事のやり方を変えたら、明らかに作業効率が良くなる。将来のために変わろう」と説明しても、なかなか受け入れてくれません。

彼らの中には、新しい考えを受け入れる恐怖があり、変化への単純な拒否反応がありま す。だから、経営者の説得に対して反発し、最終的に「とにかく嫌だ」という何の理由もない、感情的な拒否反応を見せてしまうのです。

これは人間の本能の1つですから、その気持ちは私にもわかります。

しかし、**今のような変化の激しい時代には、変われない人、変えられない人、変わることを恐れる人ほど、危うい安定の中で生きる**ことになります。

もし、あなたの中に「変化したくない自分」がいるなら、まずはその事実を認めましょう。そして、変わらないことによる危険がどのようなものかを察知するアンテナを張ることです。

変化に柔軟に対応できる人に年齢の差はありません。若い人でも変えられない人はいます。年齢を重ねるほどに柔軟さを発揮する人もいます。

わたしはこれまでたくさんのビジネスパーソンと出会ってきましたが、変わることに慣れている人ほど成功しています。

あなたは、50歳以降をどのように生きていくのか。

今までのやり方をずっとキープしていて、対応していけると思いますか？

この先の人生をより充実したものにしたいと思うなら、まずは「変化したくない自分」

から訣別する勇気を持ってください。

「いつもの場所」にばかりいることの危うさ

政治の世界を見ると、失言しては炎上する政治家が幾度となくニュースになっています。性別に関係なく価値観がおじさんのままの彼らは、自分たちのコミュニティで話しているときと同じ感覚で「LGBTは……」「女性は……」と発言し、炎上します。

外に漏れたらアウトだという線引きができていないのは、人間関係に変化がないからです。その結果、いつもの調子でウケると思った発言が、記事になり、「何を言っているの！」「終わっている……」と言われます。

失言くらいで政治家をクビにしていたらきりがありませんが、少なくとも公に仕事をする以上、セーフとアウトの線引きのできる人にならなければいけません。

そして、それは何も政治家に限った話ではなく、50歳前後の年齢になると多くの人がいつもの付き合いを大事にし、新しい出会いに対して億劫《おっくう》になっていきます。

しかし、**いつも同じコミュニティの仲間と一緒にいると、周囲に新しい価値観を教えて**

くれる人、あなたの古い考えを否定してくれる人とのコミュニケーションが極端に減っていきます。

会社での仕事が終わり、たまに若手を飲みに誘っても付いてこない。ならば……と同期の気の合う仲間と居酒屋へ。そこで、「なんで若い子たちは飲みに来ないんだ」「俺たちの若い頃は、先輩と飲むのも仕事だった」「遅くまで働くのが当たり前だったよな」と言い合っているとしましょう。

若い人たちは、「プライベートの時間は自由に使いたい」「無駄な作業に時間をかけないことで仕事は定時までに終わらせたい」「仕事は効率的に進めたい」と思っています。でも、そんなことを口にすると、おじさん世代は「経験もないくせに、能書きばっかりタレやがって」とカチンとくるわけです。

もちろん、口先ばっかりで生意気な若い人もいるでしょう。

しかし、テクノロジーを使いこなし、実力もあり、上の世代が苦労していた作業を淡々と処理してしまう人もいます。いずれにしろ、若い世代を一括《ひとくく》りにして、「こいつら、わかってない」と文句を言うのは失言で炎上する政治家と変わりません。そのうち誰にも相手にされなくなるはずです。

50歳からは教える、のではなく、教わる

わたしは大学で講義をすることもあって、定期的に若い人たちとつながっています。学生たちとの付き合いはいつも刺激になり、気持ちをリフレッシュさせてくれます。彼らと話していて感じるのは、本当に興味の幅が広く、優秀な人が多いということ。

同世代のおじさんたちが読むメディアは、「今の若い子たちは草食系だ」「物を買わない」と批判します。しかし、実際に話してみると、むしろメディア側のほうがわかっていないなと思います。若い子たちの生きている時代は、今の50代の若い頃とは違います。

同じような物欲がないのは当たり前で、車が必要なときはカーシェアを利用し、ブランド物よりも自分の納得する逸品を探すことのほうに情熱を傾ける。あるいは、同じ額のお金を使うなら物よりも新しい体験を選ぶ。

彼らのほうがおじさん世代よりも本質的な方向を見ているし、価値観を進化させていると感じています。

ところが、コミュニティを飛び越えて若い人とコミュニケーションを取るとき、50代は人生経験でマウントしようとしがちです。

アドバイスと称して「俺の話を聞け」と今では通用しないような経験談を話し始める。時代の変化が想像できずに、「僕が君くらいの頃は……」と上から目線で語りかける。それで、食事代や飲み代をおごって「若者と交流した」と思っているようでは、ヨコの人間関係は広がりません。

そんなスタンスでいると、若い人たちは潮が引くように離れていきます。彼らも暇ではありませんから、興味もない経験談、上からのマウントに付き合う義理はないからです。自分に置き換えて、70代になった会社の元上司や先輩から「飲みに行こうよ」と誘われたら、どうでしょう?

行きたいなと思えるのは、話を聞きたくなるような興味深い情報をくれる人だったり、自分では選ばないようなおもしろい店に連れて行ってくれる人だったり、何らかの気づきを与えてくれる先輩からの誘いのはずです。

教えるのではなく、教わる。語るのではなく、聞く。あなたが若い人と付き合うときも、聞き手に回ること。そして、提供できるバリューはどんどん与えていくことを心がけるべきでしょう。

「序」でも書きましたが、50歳を超えたら、新入社員になったくらいの気持ちで、ゼロから学び直す意識を持つことです。

若い人の聞き役になることは、明日から心がければすぐにできます。中間管理職として、上からの指示やノルマを優先するのが当たり前だと思っていたのなら、一呼吸おいて若手の声を聞いてみましょう。

教えてもらう気持ちを持って、聞いてみよう、吸収しよう、学んでいこうというスタンスで話を聞く。言いたいことがあっても、まずはぐっと我慢して、余計なことを言って話を遮らない。

その意識を持つだけで、コミュニケーションの質がみるみる変わっていきます。

それは「自分の意思」でやっていることか

わたしが若い人たちとの人間関係で大切にしているのは、気づきになる投げかけを続けることです。

50代になるとある程度の人生経験を積んでいるので、「それはそうじゃないよ」「こうしたほうがいい」と間違いを指摘し、正解に近い答えを与えたくなります。しかし、こちらの思う価値観を押し付けることで、相手をより良いと思う方向へ導くことができるというのは傲慢《ごうまん》な思い込みです。

極端な話をすれば、ブラック企業と批判されるような環境の職場でも、本人が「ここで1年踏ん張れば、一人前になれる」と覚悟を決めて働いているのであれば、周囲がどうこう言える問題ではなくなります。

逆に福利厚生が整い、法令を遵守《じゅんしゅ》する職場でも「やらされ感」いっぱいで働いていれば、自分の仕事にやりがいを感じることはないでしょう。やらされ仕事ばかりをこなして、毎日を終える。そんなつまらない人生はないと思います。

わたしが受け持っている大学の授業で学生に伝えているのは、**物事を「誰かにやらされている」と思ってやるのか、「自らの意思」でやるのかで大きな差が出る**、というシンプルなメッセージです。

楽しく生きていきたいなら、自分の意思で考えて行動したほうがいい。そんなふうに話すことが自分への投げかけにもなり、いったん立ち止まって「自分の意思で行動できているか？」と考える時間にもなります。

人は人を変えることはできません。しかし、自分が自分を変えることはできます。本人が強い意志を持てば、何歳からでも人は変わっていきます。そして、そのきっかけを周囲の人が与えてくれることはあります。

とはいえ、50代になると誰かが強く働きかけてくれる機会はどんどん減っていきます。アドバイスをしてくれる人も、本気で叱ってくれる人もいなくなります。

そういう意味でも、若い人とのつながりを大切にするといいのです。

そこでの振る舞いはそのままブーメランとなって、あなたの人生に跳ね返ってきます。

50歳は新入社員になったくらいのつもりでいい

インターネットが普及し、当たり前になったのが2000年以降と考えると、今の30代前半より若い人たちはネットネイティブな働き方に対応できる世代です。個人差はあるでしょうが、彼らは新しいものを取り入れ、より効率的な手法に切り替えていくことに抵抗感がありません。

一方、わたしも含め、それよりも上の世代は努力して環境の変化に合わせていく必要があります。無視してのんびりしていたら、お荷物になるだけです。

50歳を1つの区切りに新入社員のような気持ちでやり直すなら、経験してきたやり方をすべて捨てるくらいの覚悟を持ちましょう。

その代わりに、若い人たちの言葉に耳を傾けることです。彼らの世代には、わたしたちの時代にはいなかったようなレベルで優秀な人材が揃っています。就職しない人が増えているのも、会社に入って使えない上の世代にああだこうだ言われるくらいなら、自分たちでやった方がうまくいくとわかっているからです。

また、20代の安い給料に我慢するよりも、自分たちで事業を始めた方が稼げるし、おもしろいことができると考えています。つまり、優秀な若い人ほど、会社に入って働く意味が見出せない状況になっているのです。

そんな彼らのすべてを参考にすることはできません。ただ、いいところは吸収していきましょう。特に変化への対応という意味では、圧倒的に若い世代の方が進化しています。

「こいつら、わかってないな」と見て見ぬふりをしているうちに、置き去りにされるのはわたしたちの世代です。

これまでの知識・経験は、いったんしまい込む

15年前まで仕事のメールは会社のデスクにあるパソコンで確認するものでした。「例の案件の資料、メールに添付して送りました」と連絡を受けたら、本人がデスクまで移動する必要があったのです。それが今はスマホでいつでもどこでもメールと資料を確認し、返信することが可能です。

このように仕事のやり方、常識は変化していきます。しかも、その速度はデジタル環境

とデジタルツールの進化で加速しています。

これまでの仕事のやり方や常識にこだわるのはやめましょう。

２０１０年代が終わり、２０２０年代に入る今、わたしたちの世代が懐かしく思う90年代ではありえなかった働き方が当たり前になっています。

その変化に多くの同世代が気づいていながらも、「変えたくない」「現役の間は逃げ切れる」「自分にはまだ関係ない」と目を逸らそうとしています。

しかし、**70歳まで働くとして、仮に今、50歳だとしたら、あと20年あります。すべてがデジタルベースになったとき、使える人、使えない人の格差は、収入の格差以上に大きな格差として本人にのしかかってくる**でしょう。社内でしか通用しないルールを絶対のルールだと思い込まないことです。


これまでは仕事上の経験の蓄積に大きな価値があり、先輩が「こうすればいいんだ」と指示すれば、下の世代は動いてくれました。しかし、今は１人の先輩が経験で身に付けたやり方よりも良い方法を簡単に検索することができます。

10年も15年も前のやり方を「これが正しい」と続けているのは、危険なことです。

例えば、30年前は印刷物を作るとき、文章や写真に誤りを見つけると、1時間も2時間もかけて紙を切り貼りして修正していました。その仕事が丁寧な人、ハサミで切り、糊《のり》で貼るのがうまい人が重宝されたものです。

しかし、今はアプリケーション上で不要な部分を削除し、新しいデータを挿入するだけで修正完了。時間にすると1分もかかりません。

こうしたレベルの変化が生じるスパンは今後、ますます短くなっていくでしょう。1年単位で技術革新が進み、5年もすると5年前の最新情報はとんでもないほど古い情報になっていきます。

つまり、昔はその人の経験がものをいいましたが、これからは経験がさして役に立たなくなっていくのです。それよりも**変化の方向性を掴んで、新しいやり方を導入することに躊躇《ちゅうちょ》しない人が評価されます。**

経験を重ねれば重ねるほど「仕事のできる人」になっていった時代から、柔軟に学び、取り込める人の方が仕事のできる時代となり、昔のやり方に固執する人は会社のお荷物になっていくのです。

ですから、あなたが若手に何かを指示したとき、「もっと違うやり方がありますよ」と言ってくれたなら、それは大きなチャンスだと思いましょう。

彼らに教えるというスタンスではなく、話を聞き、積極的に教わり、学び、あなたが変わっていくのです。**仕事のやり方や常識は変わります。それでもその変化に対応できる人、変わり続けられる人になれれば、あなたが蓄積してきた経験の価値は色褪《いろあ》せません。**

新しいものを取り入れながら、そこに経験のスパイスを利かせる。50歳以降は、そんなスタイルを目指していきたいものです。

お金より時間を意識した生き方を

わたしは50歳という区切りの年齢を迎える前に、残りの人生の時間を考えたことがありました。その頃、偶然見た『TIME』という映画があります。SF映画の名作『ガタカ』のアンドリュー・ニコル監督の2011年の作品です。

『TIME』の舞台は近未来です。

科学技術の進歩によってすべての人間の成長が25歳で止まる世界。そこから先は左腕に埋め込まれた体内時計「ボディ・クロック」が示す余命時間だけ生きることができるという設定です。

『TIME』の世界では余命時間を売買できるため、経済的な格差が余命に反映されます。貧困層の人々は25歳になった時点でボディ・クロックの残り時間が23時間となってしまいます。一方、富裕層はお金の力で永遠にも近い時間を手にすることができるのです。

わたしはこの映画を見ながら、ボディ・クロックというアイデアに衝撃を受けました。自分に残された時間を自覚することによって、カウントダウンされていることで必死になり、登場人物たちは真剣に人生と向き合います。


一方、現代のわたしたちは普通に暮らしている間は、そこまでシビアに自分の持ち時間を意識することはありません。曖昧《あいまい》なままでも快適で、健康も、自分が自由に使える時間も、このまま何となく続いていくと思いがちです。

少なくとも23時間後に自分が死ぬなんてことは想像しません。

だからこそ、受け身のままのんびりテレビを眺めるような贅沢《ぜいたく》で無駄な時間の使い方にも疑問を持たずにいられるのです。

その感覚の延長線上で50代、60代の20年間を捉えていると、あっという間に過ぎてしまいます。仕事面でもプライベートでも、若い頃から続けてきた同じやり方を繰り返し、時代の変化に弱い人間になっていきます。

スティーブ・ジョブズの残した名言の1つに、「もし今日が人生最後の日だったら、今日やることは本当にしたいことなのか？　この問いに「NO」が何日も続くのなら、何かを変えなくてはならない」があります。

のんびりした気分のときに目にすると、何もそんなに自分を追い詰めなくても……と感じることもあるでしょう。

しかし、自分の人生の残り時間を意識したうえで読むと、また違った印象が残るはずです。

50歳からはお金より時間のほうがはるかに重要になっていきます。

あなた自身の時間をどのように配分し、自分や家族のために役立てていくのか。よく考えていきましょう。

自分の時間と同じくらい相手の時間も尊重する

時間に関して、わたしはアメリカに留学してすぐにカルチャーショックを感じた出来事があります。

それはドイツから来たクラスメートに話しかけたとき、「今は集中しているので、あとにしてもらえる」とピシャッとシャットアウトされる体験でした。

自分が勉強に集中したいとき、本や雑誌に夢中になっているとき、彼らは明確に理由を告げて〝今は入ってこないで〟という線を引きます。日本で生まれ育ち、初めての海外長期滞在だった当時の自分からすると、誰かに話しかけられたとき、ピシャッとシャットアウトするのはとても失礼なことでした。

ところが、いざ自分が「今はちょっと話しかけないでくれる」と言われてみると、それは決して嫌みではなく、彼や彼女は自分の時間を大切にしているんだな……と納得できたのです。

アメリカやヨーロッパではボイスメール（留守番電話サービスや音声ファイルをメール

に添付し、送信するサービス）が流行しました。電話がかかってきても出たくない、今は仕事の邪魔をされたくない。出たくないという選択を後押ししてくれるサービスだったからです。

一般的な日本人は「電話が鳴ったら出なければ失礼」と感じ、電話に出ることを重要視してしまいます。しかし、仕事中の電話1件1件に丁寧に応対していると、そのたびに集中が途切れるのも事実です。

そんなジレンマをすっぱり割り切り、「今は電話に出られません」とボイスメール対応にしてしまう。仕事に取り組む際に重要なのは、集中すること。そして、自分の時間を大切にするように、相手の時間もリスペクトする。そういった価値観を後押しするのが、ボイスメールだったわけです。

今はまさにメールやLINEなどの各種メッセージアプリがボイスメールの進化版として機能しています。若い世代の間では、たとえ仕事であっても、いきなり電話をするのは「相手の時間を奪うので失礼だ」と考えるようになっています。

自分が若手だった頃の常識をいったんどけて、想像力を働かせれば、次のようなことも時間泥棒になることがわかります。

・長いメールや多数の添付ファイルを送る（相手の時間を奪う）
・こまめに電話で連絡をする（相手の集中力を奪う）

自分のちょっとした行動が周囲にどんな影響を与えているのか。年齢に応じてポジションが上がっているのだとしたら、その分だけ余計に想像力を働かせたいところです。

「自分が何時間もかけて作った資料だから、相手も目を通してくれるはず」「1時間もあれば目を通せるから、感想を返してくれるはず」と思い、長いメールや添付ファイルを送ったとして、受け取った側はどう感じるでしょうか。

多忙なビジネスパーソンにとって1時間はとても貴重なものです。長いメールや思いを込めた添付ファイルを送るよりも、要点をまとめた短文メールを送り、相手の興味の有無を確認して先に進む方がスマートです。

まず電話をしないわたしが、あえて電話をするとき

また何かを依頼するときも、相手が断りやすい選択肢を含める気遣いをしましょう。今回断られたとしても、それで関係が途切れるわけではありません。むしろ、次につながったと思えるはずです。

長いメール文を書く人や大量の添付ファイルを送る人は、自分の熱意を一度脇に置き、相手の気持ちになることを心がけてみる必要があります。人間関係を築き、それを継続させるためには、「相手がどう思うか」という想像力が不可欠です。

ちなみに、普段はネットを使ったやり取りが多いわたしですが、謝罪の必要があるときやトラブルが起きてしまったときは別です。すぐにアポイントを入れて、直接会いに行きます。もし会うのがむずかしいようならば電話をします。

これは感情的な齟齬《そご》を避けるための気遣いです。ただし、いきなり電話をかけません。メッセージを送って、相手の都合を確認してから訪ねるなり、電話するように心がけています。

「今までのやり方はこうだったから」

「世間がこう言うから、このやり方しかないんだ」

そんな考え方から一度、離れてみましょう。

50歳から先の人生を真剣に考えるからこそ、価値観を変化させていく必要があります。

「忙しい」「損な役回り」が口ぐせの人は、なぜ仕事ができないのか――

最近、あなたは20代、30代の頃に比べて、こんな言葉を口にすることが増えてきていないでしょうか？

「忙しい」

「時間がなくて」

「自分は損な役回りが多い」

「周りよりも割を食っている気がする」

もし、こうした言い回しが口ぐせになっているとしたら、注意が必要です。これは仕事への向き合い方がネガティブになっている証拠。会社に対して「俺はこんなにやっているのに」「私はこれだけがんばっているのに」というメンタルになってはいませんか？

また、あなた自身がこうした言葉を口にしていなくても、ランチタイムやアフターファイブの居酒屋で「最近、忙しくて」「俺たちがんばっているのに、損な役回りだよな」とボヤく同僚たちと一緒にいるなら、そうした付き合いは控えるようにした方がいいでしょう。

なぜなら、前述したように、人間は一緒に過ごす人たちの影響を受けやすい性質があるからです。

例えば、Ｇｏｏｇｌｅがすばらしいオフィス環境を整え、働く人の心理的安全性を高めているのは、優秀な人に集まってもらい、お互いに影響し合ってもらう狙いからだと言われています。逆にギスギスした職場ではますます足の引っ張り合いになり、生産性は落ちていきます。

居酒屋でボヤく仲間たちと同じテーブルを囲んでいると、あなた自身がネガティブなフレーズを口にしていなくても、メンタルの天秤《てんびん》はネガティブな方向に傾いていってしまうのです。

わたし自身、会社の経営に携わるなかで**「忙しい」「時間がなくて」「自分は損な役回りが多くて」「周りよりも割を食っている気がする」と言ってばかりの人たちは、仕事ができなかった**という印象を持っています。

なぜ仕事ができないのかと言うと、**失敗の責任を周りに押し付けているから**です。

結果が出せなかったことに対して、「がんばっているのに」と努力したことをアピールし、それが評価されないことを「自分は損な役回りだから」と正当化してしまう。

納期に間に合わなかったことについて「忙しくて」「時間がなくて」と言い訳しながら、その理由は「雑務が多く、周りよりも自分が割を食っているからだ」と主張する。

責任を会社や周囲の環境に押し付けていると、人は成長しなくなります。

もし、あなたが**自分にこうしたネガティブな口ぐせの習慣が付きつつあるかもしれないと気づけたら、逆にそれは1つの大きなチャンス**です。

仕事への向き合い方、やり方を変えていきましょう。

変化する環境において大切なのは、常時「今よりももっといいやり方、もっと効率のいいやり方」を模索することです。

職種にかぎらず残業が多い人の共通点

「子どもが生まれ、育児に時間を割かれるようになってからの方が、効率的に仕事ができるようになった」

男性、女性ともに子育て世代のビジネスパーソンと話していると、そんな声を聞く機会が増えました。彼らの処理能力が急に高まったのかと言えば、そうではありません。

確実に本人が担うしかなく、同時に喜びも大きい育児というタスクが加わったことで、環境が変化。職場では「仕事」と「作業」を明確に分けるようになり、締め切りへの意識が強くなったのです。

例えば、独身時代の趣味の料理はいくらでも時間をかけて作ることができます。納得のいく食材を選び、あれこれ試行錯誤しながら仕上げていく。趣味を楽しむ姿勢としては間違っていません。

しかし、19時までにお腹を空かせた子どもたちのために夕食を作らなければならないとなれば、料理の目的も意味付け変わってきます。強烈な締め切りがあることで、料理のスキルはもとより、その他の家事スキルも向上。時短でき、かつ子どもが「おいしい」「お腹いっぱい」と言ってくる料理の仕方を身につけることができます。

これは仕事でも同じです。

多くの会社員は、基本的に早く家に帰りたいという願望を持っています。しかし、わたしが会社員だった時代も今も、だらだらと会社に残って仕事をしている人は少なくありません。

彼らの仕事ぶりを見ていると、「終電に間に合うまでに終わればいい」「明日までに仕上がればいい」といった締め切り設定の曖昧さが目立ちます。**区切っていないから終わらない。精神論ではなく、多くのオフィスワークは「18時までに絶対に終わらせる」と決めて本気で取り組めば片付きます。**

もちろん、クリエイティブな業務でゼロからイチを生み出すような局面、新規事業を立ち上げ、軌道に乗せようと奮闘しているような期間、新人として仕事を覚えていくような時期は例外です。

そういったシチュエーションでは「終電に間に合うまで必死にやっても終わらない」と

いうことはあるでしょう。ただ、職業人としてそういう状況に置かれるのはわずかな期間です。

どんな業種でも多くの仕事は同じこと、似たことの延長線上にある作業を繰り返すことになります。だからこそ、慣れによって気が緩み、「終電に間に合うまでに終わればいい」「明日までに仕上がればいい」という感覚になってしまうのでしょう。

本気を出せば終わるとわかっているのに、本気を出さない。それがだらだらと仕事をしている人の共通点です。

仕事人として劣化していかないためのトレーニング――

ただ、こうしたタイプの人は本人も気づかないうちに、じわじわと劣化していきます。

本気を出せば終わるはず……が、次第に本気の出し方がわからなくなり、本当に必要になったときに出せる本気がなくなってしまうのです。

そうならないためには、トレーニングするしかありません。

例えば、「毎日の仕事を18時までに絶対に終わらせて残業はしない」「休日出勤はしない」

と決めましょう。育児のような環境の変化が望めないのであれば、自らの意思で仕組みを変えていくことです。

例えば、「残業をしない」と決めたのなら、終わってなくてもオフィスを出ること。よほど緊急性の高い案件でないかぎりは、翌朝来て処理する。

強い意志を持って仕事をしていかなければ永遠にスキルは上がりません。「仕事の時間をもう少し短くしよう」「残業を減らそう」という中途半端な削減目標ではなし崩しになっていきます。

スウェーデンでは国を挙げて、1日6時間労働制を導入する実験を行っています。日本でも国内最大級のファッション通販サイト「ZOZOTOWN」を運営するスタートトゥデイが「1日6時間労働」を打ち出しています。

もう何十年もキャリアを積み重ねてきた50代だからこそ、抜本的に働き方を変えることが強い刺激となります。

極論を言えば、「今、働いている時間の半分しか会社にいないようにしてみる」という実験に挑むのもいいでしょう。大切なのは、締め切りを決め、その枠に自分を合わせてみること。あなた自身、意外に思うほどの本気の仕事ぶりが発揮されるかもしれません。

「無駄な仕事」に無自覚になっていないか

伝統的な日系企業のミーティングに参加すると、昭和の頃と変わっていないな……と驚かされることがあります。

それはいまだに続く時間泥棒ぶりです。全部に目を通すだけで大変な大量の資料が配布され、ミーティングの大半の時間がその説明に費やされていきます。

そもそもミーティングは何かを作り出すため、意思決定をするためなど、未来を作っていくための場です。

資料は簡潔にまとめ、事前に配布。参加者が目を通した状態で会議室に集まれば、すぐに本題に入ることができ、1時間かかっていたミーティングの時間は5分で終わるはずです。

ところが、誰も目を通さない資料を若手が残業しながら準備し、当日は目を通していない上司のために現場の担当者が口頭で要約しながら説明するのが通例となっています。

無駄な資料作成で若手の時間が奪われ、事前に目を通さないことでミーティングの参加者全員の時間が盗まれるわけです。幸い、わたしは外部の人間ですから、無駄なミーティングだとわかれば、次回以降の参加を断ることで時間を守ることができます。

恐ろしいのは、こういったミーティングのやり方を「これまでもこうやってきたから」と続けている側に「人の時間を奪っている」という意識がないことでしょう。**それは内心、「自分の時間が無駄になっている」と気づきながらも、周囲に合わせて参加している側も同罪**です。

そして、こうしたミーティングを続けている会社はほぼ間違いなく無駄な残業を好む上司がいて、帰りにくいという理由で居残る社員がいます。つまり、相互に時間を奪い合う時間泥棒が当たり前の環境になっているのです。

効率の悪い仕事のやり方を大胆に変えるには

こうした環境を変えるには、大ナタを振るう勇気が必要です。

赤字続きだったトリンプ・インターナショナル・ジャパン株式会社を、スピードと効率化を重視した経営で業界第2位にまで成長させた吉越浩一郎さんという名経営者がいます。

吉越さんが社長に就任したのは90年代前半。まだまだ「24時間働けますか?」的な価値観が支持され、「働き方改革」なんてフレーズはなかった頃のことです。そんな時代に「残業ゼロ」「生産性向上」を実践した当時のことを直接うかがったことがあります。

「残業ゼロ」を打ち出したとき、社内からは大反発を受けたそうです。

「残業しなければ仕事が終わらない」「終わらなければ業績も伸びないじゃないか」「会社のためにがんばっているのに」と。

それでも経営者として責任を取ると言って、強制的に電気を消し、残業する社員を帰らせたと言います。

結果は、吉越さんが社長就任から1年後に約20%の売り上げ上昇という形で表れました。これについて本人は「特別なことはしていません。きちんと仕事を進めていけば、必ず成果は上がるものなんです」と笑っていました。

自分の時間を失う時間泥棒、相手の時間を奪う時間泥棒。どちらにもならないよう仕事のやり方を見直していきましょう。

捻出した時間を「真の自由時間」に変えるために

仕事のやり方を見直すことで、増えるのが自由な時間です。

年齢に関係なく、自分が手にした自由な時間をどれだけ有効に使っていくかが、その後の人生の幸せを大きく左右します。

1日は誰にも平等に24時間です。わたしは1日8時間前後を睡眠時間に取っているので、起きているのは16時間。そこから入浴、身支度といった時間を差し引くと、1日のうちアクティブに使える時間は15時間ほど。

1年で換算すると5475時間です。この数字はあなたも大きくは変わらないと思います。重要なのは、この限られた時間をどう使うかです。

わたしたちが社会に出た頃に比べて休日が増え、ここ数年は「働き方改革」という旗振りのもと、ビジネスマンの余暇時間は確実に増えています。

では、働く世代は増えた自由時間に何をしているのでしょうか?

あなたはいつもよりも早く会社を出たウィークデー、若い頃に比べて増えた休日をどんなふうに使っていますか？

総務省の「社会生活基本調査」をもとにした分析によると、女性は家事をする時間が増えている一方、男性はテレビを見ている時間が伸びているのです。

テレビを見る時間のすべてが、時間の浪費になっているとは言いません。しかし、**「他にすることもないし」「暇だから」と、パッシブ（受け身）にテレビを見るのはやめましょう。**

50代の1時間、2時間、3時間。それは10代、20代の頃とは異なる意味を持っています。より貴重になったあなたの資産である時間が無為に過ぎてしまいます。

同じことは**ネットコンテンツにも当てはまります。**

あなたの人生を豊かにしてくれるテレビ番組、ネットコンテンツを自ら選び、「この情報が欲しい」「この物語を楽しみたい」「大笑いして気分転換したい」とアクティブに視聴するのは意味のあることです。

しかし、垂れ流しで押し寄せてくる情報に時間を奪われる状態から脱しなければいけません。キャリアの折り返し地点に差しかかっている世代に必要なのは、あえて時間を捻出してでも、自分と向き合う時間を作ることです。

まずはあなたの1日の過ごし方、1週間の過ごし方、1ヶ月の過ごし方を再確認し、浪費し、消費している時間がないかを確かめてみましょう。

時間の「単位」を変えてみよう

時間の浪費を防ぐには、単位を変えることが役立ちます。

例えば、ゴールデンウィークの5連休をぼんやり「5日間も休みかー」と考えていると、なんとなく消費して終わります。しかし、5日間から1日8時間ずつの睡眠時間を天引きし、「(16時間×5日＝)80時間で何をしようか？」と思うと、リアルな持ち時間として活用する意欲が湧いてきます。

わたしは自分の時間について、大げさではなく1分単位で考え、スケジュールを立てています。5分の隙間時間が生じるとわかったら、その間に何ができるかを考え、盛り込んでいきます。

逆に体を休ませたいとき、ゆっくり考え事をしたいときは、事前にそのための時間を確保してしまうのです。何も決めずにぼんやりする時間は浪費になりがちですが、確保してリラックスする時間は将来への投資になります。

ここまでこだわるのは、時間という資産は散財してしまうとどうやっても取り戻すことができないからです。

にもかかわらず、多くの人は時間の単位を大きく捉えすぎています。仕事の予定を決めるときも、60分や90分を1コマとして捉え、ここは打ち合わせ、ここは資料作成、ここは商談、ここは会議とスケジュールに組み込みます。

しかし、実際には60分、90分をフルに活用していることは少なく、隙間時間を浪費してしまっているのではないでしょうか。かたまりとしての時間の捉え方が大雑把《おおざっぱ》だと、それだけ散財が増えていきます。

自分が手にした自由な時間を有効に使うためには、捉える時間のかたまりを細かくするところから始めていきましょう。10分単位、5分単位、1分単位。細かく区切った時間で何ができるのかを考えることで、時間効率を上げることができます。

では、作り出した自由な時間をどう使うと役立つのでしょうか。

わたしは外の世界に出ていくことをすすめます。

あえてアウェーに飛び込むことで得られるもの

転職。退職。リストラ。会社員はいつの日か、会社から離れる日がやってきます。そのとき、会社の外の世界を知らずに生きてきた人は変化に対応できず、右往左往することになります。

社内でどれだけの仕事ぶりを見せていたとしても、それがそのまま外の世界で評価されるわけではありません。重要な役職に就いていたとしても、外の世界で通用するかどうかは定かではありません。

20代、30代ならばまだしも、50代、60代で井の中の蛙《かわず》のまま会社の外の世界に出てしまうと、その落差に驚き、落ち込むことになります。それは定年後の悲哀を題材にした小説や映画、ノンフィクションで何度となく描かれてきた情景です。

ともかく**アウェーに出て、疑似サバイバル体験をすること。すると、変化に対応する力を鍛えることができます。**一番のアウェー体験は外国での生活ですが、普段付き合っていない層の人たちと一緒に過ごすだけでも十分なアウェー体験になります。

そして、そこで出会う人たちとの交流によって意外な自分の強みが見つかることもあります。というのも、あなたの持つ本当の強みには、なかなか自分では気づけないものだからです。

常にインプットを続けることの重要性

外の世界に出てみると、自分が強みだと思っている部分は人に興味を持ってもらえず、自分では当たり前と思っていたことをおもしろがってもらえることがあります。

わたしの場合、自分では当たり前だと思っていた本の読み方についてビジネス書の編集者に話したところ、「おもしろい」と言われて『レバレッジ・リーディング』という初めての著書の出版につながりました。

外の世界に出ると今の自分のことがよく見えるようになります。手に入れた自由な時間をパッシブな状態で過ごすのではなく、アクティブにアウェーへ飛び込み、自分を発信していきましょう。

そして、発信するときに欠かせないのがインプットを重ねるというトレーニングです。

例えば、オリンピックに出場するトップレベルのアスリートはもちろんのこと、アメリカの独立リーグで戦いながらメジャー入りを目指している野球選手、J2、J3でプレーするJリーガー、プロデビューを控えた新人ボクサー……。

カテゴリーや種目に関係なく本気で取り組んでいるアスリートたちは、1日の活動時間のほとんどを練習に費やします。

わたしたちが試合で目にする彼らの晴れ姿は、9割の練習に支えられた1割の時間。アスリートは人生の大半をインプットのために使っているのです。

一方、わたしたちビジネスパーソンはどうでしょう?

アスリートにとっての晴れの場である試合は、ビジネスパーソンに置き換えると日々の仕事です。では、アスリートにとってのインプットである練習をビジネスパーソンに置き換えると何になるのでしょう?

わたしは仕事のための勉強や下準備、健康管理が当てはまると考えています。

ところが、総務省の統計によると、30代から50代のビジネスパーソンの平日1日あたりの平均勉強時間は、たったの10分。ほとんどの人が練習をせずに毎日試合に臨んでいるのです。

しかも、1日平均8時間は働いていますから、10分の練習で8時間の試合をしているようなもの。これでは、どんどんレベルが落ちていくだけです。

逆に言えば、インプットすることで仕事の能力は年齢に関係なく上昇していきます。

「副業」ではなく「複業」のすすめ

そこで、オススメしたいのが「複業」です。50代になると資格試験の勉強というのは現実的ではありません。

今は従業員に「副業」を認めている企業も増えてきていますが、副業というのはあくまで、メインの仕事（本業）に対してサブ的な意味合いがあります。主業の収入不足を補う側面も少なくありません。

「複業」とはそうではなく、どれか1つを主業と決めずに複数の仕事を掛け持ちすること。

サラリーマンのうちはあくまで会社での仕事が本業になりますが、それまでに仕事で培ってきた知識や経験などを生かして、ゆくゆくは本業に取って代わるかもしれない仕事として「複業」を始めましょう。

副業の場合、アフターファイブや週末に飲食店や販売、警備など手っ取り早くできる時給のアルバイトが連想されます。しかし、時間給の仕事はどこまでいっても時間を切り売りするだけです。体力的な負担も大きく、50代から始めたとしても将来性はありません。であれば、お金だけが目的ではない複業を始めてみる方がインプットの効果は大きくなります。

手軽にできるのは、**あなたの知識、経験をブログやSNSなどを通じて発信する、本業の休日にボランティアに近い形でコンサルティング、講師をやってみる、**などです。

金銭的な報酬はたいして得られないかもしれませんが、これまでの蓄積が整理され、今後に向けた重要なインプットの機会となります。また、読んだ人からの反応が新たなモチベーションを与えてくれるかもしれません。

あるいは、あなたの能力を生かすことで貢献できるボランティア、地域の問題を解決するNPO活動への参加なども、その後の生き方を考えるうえで刺激になります。

これまでの仕事で身につけた能力が外の世界でも役立つのか、周囲はどんな反応で受け入れてくれるのか。自分の対人コミュニケーション能力はどの程度なのか。そして、あなた自身は誰かの役に立つという活動をしたとき、どんな感情を覚えるのか。

会社の外の世界で過ごす前段階で、あなたという人間がどう見られるのかを体感することは、お金以上の価値があるインプットとなります。

そのベースには好奇心がある

複業を始めるにしろ、始めないにしろ、大切なのは「気になるな」「やってみようかな」という好奇心を持つことです。

ところが、大人になると徐々に好奇心が薄れていくと言う人がいます。わたしにはまったくわからない感覚ですが、安定した現状に安心して外に目が向かなくなるのかもしれません。ただ、**好奇心が薄れると、変化を嫌い、現状を維持しようという行動が増えていきます。**

それは50歳という年齢を考えたとき、人生の可能性を狭める選択となります。

わたしは先日、経営者の仲間5人と和歌山へ行きました。地元の人に地域の産業、特に醤油の生産者を紹介してもらい、お寺や神社などもガイドしてもらいました。

じつは和歌山県は醤油の発祥の地で、今回は地元でも最も古いとされる堀河屋野村の三ツ星醤油の蔵を見学。現地に行くと、大手が関東に移っていった経緯もよく理解できる一方で、昔ながらの製法で醤油を作っている蔵の魅力も伝わってきました。

工業化されて、大量生産される醤油が一般的になる中で、非効率で無駄な部分もあるけれど昔ながらの家内制手工業的に作っている醤油には、大量生産品にはない価値がある。これは世の中が手作り感のある少量多品種の商品を見直し始めたからです。

そのとき、同行した全員が言っていたのは、「知らないことを知るって楽しいね」という感想です。好奇心のある大人は、子どものようにキラキラした表情を見せます。

一方で、好奇心の薄れた大人は「和歌山ね、はいはい。テレビで見た」「本で読んだ」「若い頃に行ったよ」と行動を起こすのが面倒になり、誘われても動きません。行くか、行かないか。この行動力の差は永遠に埋まらない大きな差になっていきます。

子どもたちは何も知らないから好奇心に溢れ、見聞きしたものすべてを楽しむ吸収力があります。こうした好奇心を持たないと、いくら「50歳以降はゼロリセットして新卒の気分でやろう」と決めても、何も始まりません。

「お金を払って」でもやりたいことは何か

知らないことを知りたいという欲求。

何かを学びたいという欲求。

子どものような好奇心。

これがないまま、「このままでは食えなくなるかも」「今から何か準備をしておかないと定年後に大変なことになるかも」という危機感から「変わらなくてはいけない」と焦っても、うまくいきません。

やらされ感からの行動では、本気になれないからです。必ずどこかで息切れし、「ま、このままでもなんとかなるか」と安易な方向に流れてしまいます。

しかし、楽しいことは続きます。子どものように目をキラキラさせ、好奇心に素直に従った行動ならば、少々困難があっても乗り越えようと思えます。また、そこにかける時間も気になりません。

逆に、「このままいくと先細り」「やばいからやらなきゃ」では、前向きな方向に進みませんし、目先ばかりを見てしまうことになります。複業で言えば、「複業」ではなく、時間給の「副業」に走り、それも10円でも20円でも時給の高いところを探し、時間を切り売りして大事なものを失っていくことになるのです。

わたしは就活を控えた学生と話すときは、必ず**「お金を払ってでもやりたい」と思える仕事、「お金を払ってでも行きたい」と思える会社を選びなさい**とアドバイスしています。

これは好奇心に素直になってもらいたいからです。そして、若い学生には時間という資産が豊富にあります。その資産を使い、お金を払ってでもやりたい仕事を通して多くを学び、お金を払ってでも行きたい会社で経験を積めば、30代、40代の人生が大きく拓《ひら》かれていくと思うからです。

一方、50歳には20代の新入社員と違い、ある程度の安定した収入と経験があります。これは大きなメリットで、やろうと決めれば、好奇心のまま動くことができます。会社を飛び出すのではなく、社員としての安定した給料をもらいながら、好きなことに手を伸ばしていくことができるのです。

居心地のいい日常に居続けてはいけない理由

わたしがハワイと日本を拠点にしたデュアルライフを始めて10年以上経ちました。1年のうち5ヶ月をハワイで過ごし、3ヶ月を東京で、2ヶ月を日本の地方で、残りの2ヶ月はヨーロッパやアジア、オセアニアなど、世界を旅して生きています。

旅するように暮らしたい。これがわたしの願いであり、「仕事と遊びの垣根をなくすこと」「好きなときに好きな場所で生活しながら、仕事をすること」が自分の選んだ生き方です。

そんなライフスタイルに興味を持ってくださった人から取材を受けることがあります。そのとき、必ず聞かれるのが「旅をする理由について」です。

わたしはこれまで60ヶ国以上、都市にすると220以上の地域を回ってきました。それでも、iPhoneのメモにリスト化している「行きたい国、訪ねてみたい都市リスト」は常に増え続けています。世界には200近くの国があることを思えば、60ヶ国なんてまだまだです。

なぜ、こんなにあちこちへ行きたいのか。旅には、お金も時間もかかります。質問されるたびに自分なりに真剣に考えます。

あるときは、こんなふうに答えました。

「旅をするということは、クリエイティブになることだと思います。旅先で未知のものを見て、新しいものをインプットする。ただし、インプットしたからといって、すぐ何かにつながるわけではありません。徐々に自分のなかに蓄積されて、あるとき、ふと新しいアイデアにつながったり、仕事や人生についての考え方のプラスになったりするんです」

もちろん、ウソではありません。

でも、本音はもっとシンプルです。

そこへ行ってみたいから。

見てみたい風景があるから。

おいしいものを食べてみたいから。

つまり、根底にあるのは好奇心です。ワクワクする思いを抑えられないから、旅に出るのです。

一方で、「50代になると新しい出来事、体験に対する興味が弱まってくる」「ルーティンをこなすのは楽で、何か新しいことを始めるのは億劫」という声も聞きます。

たしかに、慣れている環境というのは安心できて、居心地のいいものです。同じコミュニティに属し、居心地のいい日常のなかにいると、新しい何かを獲得しよう、ワクワクすることをしたい、という思いが弱まっていくのかもしれません。

しかし、**好奇心を失うのは、資産を失うよりも恐ろしいこと**です。

好奇心の導火線に火をつけるヒント

好奇心の導火線が湿りがちになっているという自覚があるなら、**小さなきっかけから行動に出る**ことをオススメします。

例えば、旅番組を見ていて「ここに行ってみたいな」と思う場所があったら、次の休みに行ってみてください。旅先は海外でも、国内でも、電車で1時間の近場でも構いません。

好奇心が働いたら、素直に従ってみること。その場に身を置くことで、番組のナビゲーターが案内した旅先情報以上のおもしろさを感じることができます。

ここで「そうは言っても、家族もいるし……」と思ったなら、家族全員で行ってしまいましょう。全員で非日常に飛び込むことで、パートナーや子どもたち、何より自分の意外な一面を発見することができるかもしれません。

何かを得るためには、動き出さなければ始まりません。

誰もが一度は聞いたことのあるアドバイスだと思いますが、わたしはこれまで多くの「目標を達成した人」と「できなかった人」を見てきました。そして、経験上、あらためてこう思います。

動き出す前に「正解」を探している人は、動き出せない。

海外で暮らしたいという目標を語った20代のビジネスパーソンが10年後、それを実現しているかどうか。その差は本気で計画を立て、語学を学び、金銭的な準備をし、海外へ飛び出していったかどうかでしかありません。

できた人は確かな答えなどわからないまま動き出し、できなかった人は「正解」を探してあれこれと足踏みしているうち、タイミングを逃がしてしまいます。

その差を分けるのが好奇心です。

ワクワクしたいという原動力を失ってしまうと、わたしたちはますます「正解」探しをするようになっていきます。すると、できない理由、やるべきではない理由がどんどん見つかります。

物事を斜めに見て、海外旅行に行ってもしょうがないでしょうとか、ハワイなんて観光客ばっかりでつまらないじゃん、とか。そんなふうに一部分を見て物事をわかった気になる人たちが増えています。

しかし、未来を創るには、好奇心が欠かせません。

幸いなことに、**好奇心はスキルや性格とは関係なく、誰にでも備わっているもの**です。大人になって斜《しゃ》に構える生き方をするようになり、好奇心が錆《さ》びついてきたとしても、考え方や物事の見方を変えれば、本来持っていたものを取り戻すことができます。

日常の小さなことから心を動かしていきましょう。普段は乗らない電車に乗ってみる。

これも好奇心です。海外は旅する時間が取れないなら、今週末、国内で行ったことのない県に出かけてみましょう。

見たことのないものに触れてみる。行ったことのないところへ行ってみる。食べたことのない料理を試してみる。どれもこれも好奇心です。アクションを起こすと、心が動きます。

好奇心の発する言葉に耳を傾けて、この機会に何か新しいことを始めてみましょう。

あらためて50代の自分に問い直しておきたいこと

繰り返しますが、わたしは50歳という年齢が自分を変える最後のチャンスだと考えています。

ここからさらに前向きな人生にしていくのか。ゆっくりと後退していく人生でよしとするのか。世の中に１００％の正解はありません。

そして、みんながみんな、前向きな人生を求める必要もないのかもしれません。

ただ、50歳という人生の折り返し地点で新入社員のような気持ちになって、この先のことを考えてみることをオススメしたいと思います。

超高齢化と少子化が進む日本に再び右肩上がりの社会が戻ってくることは、まずありません。終身雇用制度が復活し、会社が一生面倒を見てくれるような雇用慣習が戻ることもないでしょう。

大きな流れとしては、個人が自分の人生をしっかり考えるしかない社会に向かっていきます。ファイナンシャルプランナーが描き出すステレオタイプの人生が実現することはなくなっていくでしょう。

そうした将来を思い浮かべて、「過酷な環境になる……」と焦りを感じる人もいるかもしれません。しかし、わたしたちは環境に合わせて変化していくことができます。

例えば、新人類と呼ばれた世代は上の世代から「すぐに会社を辞める」と批判されました。ところが、終身雇用制度が崩れてみると、転職を当然と考えられる新人類の方がたくましく生き抜いていくことができたのです。

今、その新人類世代が50歳を超え始めています。

わたしも含め、誰もが若い頃に一度や二度、「正しいか、正しくないかわからないけれど、直感的にこっちがいいのでは」と選択したことがあったはずです。

その選択の結果が今のあなたを形作っています。

これから50歳を迎える人も、50歳を超えてしばらく経っている人も、**あらためて自分に「この先、どういう生き方をしたいの?」と問いかけてみてください。**

直感的に思い浮かんだライフスタイルが、あなたがこれから向かうべき方向かもしれません。

第2章

変化の時代、「何を」譲《ゆず》らずに生きるのが幸せか

変わるビジネス環境、お金、自分自身…への
シンプルな対応法

すでにＡＩに取って代わられている意外な仕事

この先、あなたを取り巻く仕事のやり方は劇的に変わっていきます。

例えば、日本経済新聞社はすでに２０１７年から、人工知能（ＡＩ）を使った記事作成を開始。上場企業が発表する決算データをもとに、売上や利益などの数字とその背景をまとめた速報記事のほとんどをＡＩが作成しています。

しかも、人によるチェック、修正なしで配信までが完全に自動化されているのです。

他にも朝日新聞社が高校野球の地方予選の記事作成にＡＩを導入するなど、普段、あなたが目にしている記事の一部分はすでに新聞記者ではなく、ＡＩ記者によって書かれたものになっているかもしれません。

実際、英語圏ではよりマスメディアでのＡＩ導入が進んでいます。

ウォールストリート・ジャーナル、ロイター通信など大手各社は「1日に配信するコンテンツの25％にＡＩを使った自動化技術を取り入れている」と公表しました。

ロイター通信の場合、ある企業の株価が大きく値下がりしたことについて、AIが自動で「A社の株価が○%下落した」という文章を作成。その後、AIはデータベースに蓄積されたデータと照合し、「この下落幅は○年○月以来の水準で、同業他社のB社との比較では……」と記事を続け、その企業や業界に詳しい専門家の紹介などを行い、締めくくります。

1本の記事の作成時間は10~30秒。

複数のデータを照合するため、通常の短信記事よりも時間がかかるとされていますが、ある程度の経験を積んだ新聞記者が同じ記事を作成する場合、過去データの確認に数十分を要します。

現時点では、株価や決算情報を中心とした経済ニュースやスポーツの結果を伝える速報記事での活用が中心ですが、**決して人の手を離れることはないと思われていた新聞記者の仕事さえもAIに置き換わってきている**のです。

「15年で49％の仕事がなくなる」は本当なのか

２０１３年に発表されたオックスフォード大学のフレイ＆オズボーンの研究レポートは、「９割の仕事が将来、機械により代替《だいたい》される」とし、２０１５年の野村総合研究所によるレポートは「今後15年程度で現状の労働人口にすると49％分の仕事がなくなる」と発表。15年という具体的な期日が示されたことで、日本でも「ＡＩに仕事を奪われる論」が盛んに報じられるようになりました。

株価の変動や決算速報、スポーツニュースの記事作成が自動化されているように、長距離の運送、事務処理、翻訳といった定型的な作業から確実に人の手から離れていくでしょう。その後、さらに多くの仕事がＡＩに取って代わる可能性があります。

ただし、ＡＩの普及で起こるのは、人間にとってマイナスなことばかりではありません。前にも紹介したネットメディアのインタビューで、孫氏は、ＡＩによる代替で可処分時間が増えるとしたうえで、次のようにも語っています。

「逆に言うと、機械とＡＩができるような単純労働やルーティンワークは、そんなものをなんでわざわざ人間がするの？という時代が訪れる。人間はもっと人間らしく会話をしようよ、触れ合おうよと。人の温かみを感じるサービスや商品をリスペクトしようよと。そういうことによって生まれる、新しい価値や新しい仕事、これはもう山ほど生まれてくるはずです」（Ｙａｈｏｏ！ＪＡＰＡＮ「平成から令和へ　インタビュー・平成、そして新時代」）

にもかかわらず、新しい時代の変化を受け入れられない人は、

「中途半端な理解の学者も含めた〝大人〟たちが相も変わらず、『そっちに行ったら危ない』とか、『そっちに行くとこんな問題点がある』とか、言うわけです。（中略）

いまや、米国や中国は、たとえば医療や建設、不動産、交通、そういったさまざまな産業やサービスの分野にＡＩの技術を取り込んで活用して、どんどん大きくなっていってい る。なのに、活用すらできないでいる日本では、ＡＩ音痴の人になってしまっている人たちが、『ＡＩはここに限界がある』『人間の仕事を奪ってしまう』みたいなことを偉そうに言うんですよ、知ったかぶりしてね」（同）

この先、５年、10年、15年と働き続けるのであれば、そんな仕事にまつわる環境の変化に対処していく必要があります。

今から30年前、こんな未来予想が語られていた

仕事を取り巻く環境が、いかに人間の予想を超えたスピードで変化していくかを象徴するようなエピソードがありますので、ご紹介しましょう。

平成最後の年になった2019年の年初、雑誌『DIME』（小学館）が平成元年当時の雰囲気を伝える次のような記事を再掲載していました。

それは30年前の人気企画で、編集部が企業に質問し、その回答をそのまま紙面に掲載する「業界公開質問状」というもの。再録されていたのは、平成元年10月19日号の「ワープロは、いずれなくなるのですか？」という問いに対する各社の回答でした。

NECの担当者「ワープロは文書を書く機械として特化されていますから、その必要性はなくならないんじゃないかな」

キヤノンの担当者「ワープロがパソコンに取り込まれることはないでしょう」

シャープの担当者「人間の扱う道具は使いやすいことがいちばんだと思いますから、ワ

ープロは文書専用機として残るでしょう」
東芝の担当者「そんなこと誰が言っているのですか。パソコンとワープロはこれからますます共存共栄していきますよ。今はワープロとパソコンの台数がほぼ同数ですが、将来的には、ワープロ10に対してパソコン1ぐらいの割合になると思います」
富士通の担当者「たとえば車の会社を考えてみてください。セダンをワープロとすれば、パソコンはトラックに相当します」
松下電器（現パナソニック）の担当者「5年前、パソコンの普及台数は100万台、今は120万台と伸びはゆるやかです。一方、ワープロは30万台が280万台にまで伸びています。この数字を見ただけでも、パソコン社会よりワープロ社会到来の方が早いと考える材料になります」』

（『DIME』平成元年10月19日号より）

30年後、この担当者たちの予想は全員、見事に外れ、ワープロは完全に姿を消しました。それくらい**時代の変化、テクノロジーの変化は人間の予想を超えるのです。そして、現在、その変化の速度は30年前よりはるかに速くなっています。**キーボードからの入力も数年後には音声入力へ完全に取って代わられることでしょう。

人間にしかできないオリジナリティをいかに身につけるか

わたしたちの世代は、1つの仕事に打ち込み、技術を磨き、専門分野を持ち、経験を積むことが評価に結びつくという仕事観を持ってきました。この先も、その仕事観が完全にひっくり返ることはないでしょう。

ただし、磨いた技術、蓄積した経験の価値が大きく変化していきます。簡単に言えば、価値があるとされる技術と経験、価値とは見なされない技術と経験の差が大きく開いていくのです。

例えば、この先、AIに代替される可能性が高いのは、コンピュータのなかで完結する事務処理系の仕事や過去の膨大なデータを駆使するような仕事です。

また、会計士、税理士、社会保険労務士など、資格を取れば安心とされた各種士業の仕事の多くは自動化されやすく、翻訳、通訳、プログラミングといった業務もAIに置き換わっていくと予測されています。

他にも、高度な専門家集団というイメージの強いマーケティングの仕事も、データ収集と分析に長《た》けたＡＩが得意とする分野です。

つまり、これまでは「経験がものを言う」「専門的なスキル」とされていた分野も安泰ではないということ。

併せて、ベテランの強みとしてされてきた「今までの経験上、こういうときはこうすればいい」という判断力の価値も下がっていきます。

なぜなら、ＡＩは極めて短時間で膨大なデータと過去の実例の分析を行い、「このパターンが最適」という答えを導き出すからです。

業界によって進展していくピッチこそ異なるものの、機械にできる仕事は、いずれ機械に取って代わられる時代。では、そうならない仕事とはどんなものなのでしょうか。

そのキーワードの1つが、オリジナリティだと考えています。

人間にしか作り出せないオリジナリティを、いかに身に付けていくか。

これがこの先のキャリアを大きく左右していきます。昔は黙っていても勤続年数とともに経験が蓄積し、人並みの仕事ができるようになり、社内で一定の評価を得ることができました。

その仕組みが崩れた今、どんな形であれ、あなたらしいオリジナリティを持つことが不可欠です。そのオリジナリティとは、飛び抜けた技術や発想ではありません。

例えば、積み重ねてきた経験にプラスして柔軟に新しいテクノロジーを取り込む姿勢や日々接している若手の本音を汲み取る感受性も、あなたのオリジナリティだと言えます。

重要なのは、**これまでの経験に胡座《あぐら》をかかず、この先の仕事の変化を見据えて、ゼロベースで自分のやり方を見直すこと**です。

あなたが今、働いている場所で培ってきたもの。そこから導き出せるオリジナリティはどんなものか？

そんな視点で仕事のやり方を見直していきましょう。

会社という後ろ盾をうまく利用する

発想を変え、自分を変えていくこと。

これが仕事と向き合うときに欠かせない基本姿勢です。

身近なところで言えば、「満員電車での通勤から解放されたい」という思いがあるなら、

「少し早く起きて混む前にオフィスへ行く」「オフィスで働くというスタイルを変えてしまう」といった選択肢が思い浮かびます。

どの道を試すにしろ、あなたが自分で決め、行動しなければ始まりません。そして、不都合が生じたときも受け止める覚悟が必要です。

「誰かにやらされている」という発想では、人生を前向きに変化させることはできません。

会社に自分の価値を提供しているというスタンスに立てば、依存することもなくなり、愚痴がこぼれることも減っていきます。

雇われているサラリーマンであるという感覚でいると、受け身の姿勢で言われたことをやるという発想から逃れることができません。同じ仕事をしていても、見方を変える、発想を変える、取り組み方を変えることで、楽しく働くことができるようになります。

特に50代以降は会社後の人生も見えてくる時期です。組織という後ろ盾がある状態を活用しながら、次のステップに向けた準備を始めていきましょう。

仕事と捉えるか、作業と捉えるかで、その後が変わる

わたしは、これまで多くの一流と認められている料理人やシェフの人たちをインタビューしてきました。話を聞くと、彼らにも他の料理人やシェフと同じく新人時代があったのだ……という当たり前のことに気づかされます。

スタート地点では他の新人と大きな違いはなかったはずが、一流と認められている人たちは途中で進化を加速させていくのです。

その差はどこにあるのだろう？　と疑問に思いながら話を聞いていると、決定的な違いは仕事との向き合い方にありました。

例えば、調理を進めていくうえで、魚をさばくという工程があります。進化していく料理人は、魚をさばくことを成長するための仕事として捉えています。一方、進化できない料理人は、上司にやれと言われたからやる作業として魚をさばいています。

今、取り組んでいることを成長するための仕事と捉えるか、言われたからやる作業とし

てこなすか。この考え方の小さな差がキャリアの決定的な違いを作っていくのです。

というのも、仕事だと捉えている料理人は、アクティブに試行錯誤を繰り返していきます。魚の切り方で味が変わるのではないか？　包丁の研《と》ぎ方を工夫したらもっとおいしくなるのではないか？　保存時の温度を変えたらどうだろう？　と。

一方で、パッシブに「先輩からさばいておくよう指示されたから」と作業をこなす料理人は、先輩が指示したやり方で一定の水準を保つことに注意を払い、クレームがなければ満足します。

さて、職場でベテランと目される存在になっているはずのあなたは、日々の業務にどちらの姿勢で向き合っていますか？

もちろん、すべての業務を仕事と捉える必要はありません。オフィスワークには、作業と割り切って淡々とこなしたほうが効率的な業務は山ほどあります。

それでもあなたの成長を助けるのは、「もう一歩先に行けないか？」「アプローチの仕方を変えたら、若手がもっとやる気になるんじゃないか？」と考え続けることです。

1日の業務のなかには、重要な「仕事」がある一方で、多くの「作業」があります。**仕**

事と作業を見分ける判断基準は「それが成果につながるのか？」「自分の成長につながるのか？」という問いかけです。50歳、あらためて「仕事」と「時間」に着目した働き方を見出していきましょう。

老後にいくら必要か、なんて発想自体がナンセンス

定年退職後のお金に関する考え方も変化しています。

あなたは、この先、お金がいくらあったら安心だと考えていますか？

人の金銭感覚についての研究によると、「あなたはお金がいくらあったら安心ですか？」というアンケートを取ると、たいていの人は自分の年収や持っている資産の2倍の額を答えるそうです。

年収500万円の人であれば1000万円、資産1億円の人は2億円、100億円持っている富裕層も200億円と答え、稼いでいる人、持っている人であっても金銭を求める欲と失うことへの不安には限りがありません。

実際、雑誌やネットでも「老後の資金にいくら必要」という記事は人気があります。

「最低3000万円は備えておきましょう」とファイナンシャルプランナーが答えている場合もあれば、「1億円」とする記事も、「老後資金は貯めるな！」と異論を示す専門家もいます。

これはつまり、誰もが安心し、納得できる答えなどないということです。

なぜなら、幸せな暮らしの定義は人それぞれだからです。大切なのは、あなたのイメージする幸せな暮らしを実現するために、今やるべきこと、これからやりたいことをしっかり理解すること。それができている人は、**人生においてすべてを得る必要はないことも理解できています。**

わたしたち50歳前後の世代は、十分な物に囲まれた社会を生きてきました。そして、働けば働くほど収入が増えていく右肩上がりの時代は終わり、多くの人が物による豊かさのために働くという構図に疑問を持つようになっています。

そんなこれからの50代が幸せになるためのお金の使い方は、次の4つのポイントが重要です。

・物ではなく経験にお金を使うこと
・自分が本当にやりたいことにお金を使い、生活の質を高めること
・ステレオタイプの価値観、周囲の目に振り回されないこと
・お金についてしっかり学ぶこと

高級外車を買って「すごいクルマだね！」と言われ、派手なブランド物の服を着てみんなに注目される。バブルの頃までは、物をセットで買うことで幸せが感じられる時代でした。しかし、お金で人とは違う高級品を買い、他人から認められることで得られる幸せ感は持続しません。より高級な物、より新しい物に目が移り、周囲の評価に振り回されるからです。日本は今、物が売れない時代だと言われていますが、これは若い世代を中心に多くの人が物を追いかける幸せのむなしさに気づき、お金に対する満足度が変わってきたからでしょう。

大量消費の時代から、自分の価値観に沿って生きる時代へ

わたしは、ドイツ人建築家ミース・ファン・デル・ローエが提唱した「Less《レス》 is《イズ》 more《モア》」という言葉が好きです。

意訳するなら、「より少ないことは、より豊かなことだ」となります。

彼が設計し、世界中に残している建築物はまさに「Less is more」を体現したものばかり。よりシンプルに。シンプルを極めることで良い建物ができることを感じさせてくれます。

そこには日本人のわたしたちから見ると、禅に通じる美学があり、「もともと僕らの持っていた価値観を生かしたら、もっとおもしろいことができるんじゃないかな」と思わせてくれました。

60年代、70年代生まれの日本人は、大量生産、大量消費の時代を生きてきたため、「多いことはいいことだ」という感覚を持っています。

わたしも子供の頃、家にクーラーが入れば「すげぇ涼しいな」とうれしかったですし、キッチンに電子レンジが置かれたら「どういう仕組み？」と驚き、ビデオデッキやウォークマンに興奮した記憶があります。

まさにそんな時代を生きてきて、より新しいもの、より機能的なものをたくさん手に入れることが正しいとされる価値観の中で成長してきました。しかし、そうした物質至上主義に疲れを感じる人が増え、今は精神的な充足を追い求める時代になってきています。

以前、「Ｌｅｓｓ ｉｓ ｍｏｒｅ」をメインテーマに本を書いたとき、北欧へ取材に行きました。

そこで暮らす多くの人はモノに興味を持っておらず、「今、欲しいモノは何ですか？」と聞いても物質的な何かが欲しいという人はほとんどいません。

返ってきたのは、「旅がしたい」「子どもが幸せになってほしい」「チャレンジングな仕事がしたい」「家族がみな健康でいてほしい」「初めての経験がしてみたい」といった答えでした。**モノではなく、体験を大事にしている彼らの言葉には、自分の大切な価値観に沿ってシンプルに生きていく姿勢**が感じられました。

「自分にとって」何が快適か

新しい幸せの価値観に気づいた人たちはすでに、ライフスタイルを変え始めています。物質的な幸せから、体験的、精神的な幸せへ。

物ではなく、インプットとなる体験にお金を使い、精神的な満足を重視する。働く時間を減らし、自分や家族と向き合う時間を大切にする。**自分にとって何が必要な物かを吟味し、それが得られるかどうかを幸せの基準**とする。

そんなふうに考えることでライフスタイルを変えた人たちは、お金に振り回される状態から脱しているのです。

例えば、わたしが暮らしているハワイでは、高級車に乗ることも、ブランド物の高級時計を付けることも、ステータスになりません。温暖な気候のもと、お金持ちも地元の人も短パンとTシャツ、ビーサン。クルマは遊び道具や生活用品を積んで動けるミニバンが人気です。理由は、それが一番過ごしやすいから。

一方で、アメリカではよく、プロスポーツの世界で活躍し、莫大《ばくだい》な額を稼いだスタープレイヤーが引退後に破産するというニュースが流れます。彼らに共通しているのは、自分らしいお金の使い方を学ばずにいたことです。

稼いだら稼いだ分だけ、お金持ちのスタイルに合わせて使ってしまい、気づけば収支が逆転し、借金生活に陥り……。

周りの目に合わせるのではなく、自分と家族がどういう暮らしをしたいのかを改めて考えましょう。

年収1000万円になったら、高級スーパーで買い物をし、タワーマンションに住んで……と、ステレオタイプなライフスタイルに振り回されることほどもったいないことはありません。自分にとってどういうライフスタイルが心地いいものなのかを決められるのは、あなただけなのです。

中古のバンに寝泊まりする大リーガー

一例として、メジャーリーグで活躍するダニエル・ノリスという野球選手がいます。

彼は高校を卒業した2011年、18歳のとき、ドラフト2位でトロント・ブルージェイズに入団します。提示された契約金は200万ドル。日本円でおよそ2億円です。

しかし、ノリス投手は豪邸や高級車には目もくれず、その大金の使い途として1978年製のフォルクスワーゲンのバンを選びます。彼は車に「shaggy《シャギー》」という名前を付け、最低限のエネルギーインフラとしてソーラーパネルを設置し、ベッドなどのわずかな生活道具を詰め、月8万円の車上生活を始めたのです。

以来、8年のキャリアを積み重ねながら、ノリス投手は今もオフシーズンは毎日この車に寝泊まりし、食事は小さなコンロをキッチン代わりにして自炊。トレーニングの一環としてサーフィンを楽しみ、静かな時間を過ごしています。

本人は生活スタイルについて聞かれたインタビューで、こんなふうに答えています。

「ぼくにとって、このシンプルな暮らし方が一番魅力的だったんだ。シンプルなライフスタイルで育って、そしてたまたまプロの世界に入った。贅沢、少なくとも一般的意味での贅沢のために生きていくことの必要性をまったく感じないんだよ」

球団からは「メジャーリーガーらしく振る舞え」と言われたこともあるようですが、彼が一番恐れているのは他人の掟《おきて》で生きることです。

同僚と派手に飲みに行くよりも、クルマの中で本を読み、好きなことに没頭する時間に価値を見出す。前述した『LESS IS MORE 自由に生きるために、幸せについて考えてみた。』(ダイヤモンド社)を書いたときにも実感しましたが、自分の価値観を持っている人には強さがあります。

一方で、多くの人は気にする必要のないことに囚われ、自分が所属するコミュニティに合わせないといけないと思ってしまう。お金の使い方にも同じことが言えます。

クルマ、家、時計……。固定化されたコミュニティに長くいると、ある水準に合わせることが当たり前だと信じてしまい、そこからずれることに怖さを感じるのです。

北欧の人たちは夏になると、別荘で過ごします。わたしたち日本人は別荘と聞くと、高級で贅沢なイメージを持ちますが、彼らの過ごすサマーハウスの多くは手作りの質素なものです。言い方は悪いですが、森の中の掘っ立て小屋で、各々がリラックスしながら短い夏を楽しむ。そんなスタイルです。

欲しいものがたくさん買える人生がはたして幸せか

ローンで手に入れた家や高級車などは、支払いによってあなたを縛り付け、仕事や会社から逃げられにくくしていきます。

「今の暮らしを維持するためには、今の仕事を辞められない」という状態では、「自分を成長させるチャンスがあるけれど、給料は下がる」といった思い切った選択をすることができなくなります。そして、今いる会社の言いなりになるしかなく、仕事に対しては「やらされ感」が高まっていきます。

つまり、**無理して贅沢品を手に入れるのは、生活の質を高めるどころか、あなたの自由を奪うことになる**のです。

一方、北欧の人たちや中古のバンで暮らすメジャーリーガーは、日本のスタンダードな感覚からすると何も持っていない特殊な人のように見えます。

どちらが正解と決めつける必要はありませんが、「この会社をやめたら、生活が立ち行かなくなる」「今以上の転職先は見つからない」となれば、身動きが取れなくなってしまいます。こうした状態から脱するための1つの方法が、自分の価値観に合ったシンプルな暮らしを作ることです。

そのためには、今までと違う場所で生活してみることや、いろいろな価値観の人に触れてみることが役立ちます。

そうした投資を行ったうえで、街の暮らしが性に合っていると感じたなら、それは大きな財産です。収入や資産が多いかどうか、欲しいものがたくさん買えるかどうかが重要なのではありません。

収入と支出のコントロールができていて、本当にほしいと思えるものは買うことができ、やりたいと思うことがやれればそれでいい。わたしは世界中を旅していますが、幸せそうな顔で暮らす人たちは「お金に頼る」ような考え方をしていません。

なければないなりに楽しむ。お金がないから何もできないというのは、工夫の余地を潰しているということでもあります。ポイントは自分で選んでいるかどうかです。

お金を投資に使う前にやっておきたいこと

これからはお金について学ぶことが不可欠です。

「仮想通貨」がブームだと聞いて、投資する。

証券マンから「分散投資が安全」と言われ、運用を依頼する。

営業マンから「家賃保証される」と強く推されて、不動産投資を始める。

古くから言われている話ですが、誰かが「儲かる」と勧めてくるとき、その儲け話はもう儲からない段階に入っています。

もし、あなたの前に「ここだけの話」と儲け話を勧めてくる営業マンが現れたら、こう聞き返してみてください。

「その投資であなたはどれくらい儲けたんですか？」

「働かなくてもいいほど儲かりましたか？」

そこで、これだけ儲けましたと確実な証拠を示せる人はまずいません。なぜなら、彼らは投資で儲けているのではなく、投資商品を売ることで儲けているだけだからです。

さらに言えば、儲け話を持ってくる人と向き合う必要はありません。

何かを学ぶときは、教わる相手を慎重に選ぶことです。

本質として、物を売っている人から教えてもらおうとするのはNGです。学ぶときは、中立な立場にある人から。儲け話を持ってくる人は、あなたに何かを売ろうとしているわけですから、都合の悪いことは絶対に言いません。

ですから、金融、不動産、保険などの営業マンに何かを相談するのは意味のないことです。お金のことをはじめ、何かを学ぶときは、相手が中立の立場なのか、ただの評論家ではなく実践している人なのかどうかを見極めましょう。

情報格差がある中で、都合のいいことしか言わない人を信じていたら何もかも失うことになりかねません。

もし、大切な人が難病に侵されたら、あなたは主治医の他の医師にもセカンドオピニオンを求め、相談するはずです。本当にこの見立ては正しいのか。他の可能性はないのか。必死に調べ、学ぶはずです。

ところが、儲け話に関しては学ばず、相談もしない人が少なくありません。

実際、「仮想通貨ブームで投資をしたら、資金が半分以下になってしまった」「安全なはずの分散投資でマイナスが出ている」「家賃保証のはずが、運営会社が倒産してしまった」など、儲け話にまつわる失敗談は社会的なニュースにもなっています。

これだけインターネットでの情報検索が当たり前になり、怪しい儲け話の裏が取りやすい時代になっても、あいかわらず投資詐欺事件は起こり、被害に遭う人も減っていません。

これはお金のことをよくわからないまま、大人になっていくからです。日本では学校でお金や投資に関する教育が行われません。いまだに「お金に働かせる」「投資で増やす」のは良くないという風潮もあります。

そして、仮想通貨への投資などで失敗した人に対して、「いい勉強代だよ」「これからはコツコツ稼げばいい」と励ますのです。

しかし、仮に仮想通貨への投資で50万円損をしたとしたら、それは勉強代でもなんでもありません。見通しの甘さで損が出てしまっただけです。本来であれば、失った50万円で事前にお金のことをしっかり学んでおくべきでしょう。50万円あれば本なら何百冊、信用できるセミナーや勉強会にも何回も参加できます。

お金の本質をどう学ぶべきか

老後のための資金作りが気になり始め、いくら必要かを考えるときも、「3000万円」「1億円」などという記事の見出しに躍る数字に左右されず、まずは自分に支給される予定の年金の額を調べるところから始めるべきです。

ベースとなる基準を把握せずに、「自分は貯金がいくらあるから大丈夫」「いくらあっても不安」と心揺れていると、ありえない儲け話に耳を傾けることになりかねません。

被害に遭われた方のことを悪く言うつもりはありませんが、「かぼちゃの馬車」の事件では自己資金なしで数千万円から1億円の借り入れをおこなったという事例が報道されています。運営会社、金融機関に問題があるのは明らかですが、少しでもお金や投資の勉強をした人なら、不自然な仕組みに気づいたはずです。

「25年の家賃保証」

「利回り○％で、毎月○万円の家賃収入」

もし、その言葉を信じて投資商品に定年退職後のライフプランを託していたとしたら、あまりにも不幸なことです。これからの人生を充実させるためにも、大人の投資として「お金の勉強」にお金と時間を使いましょう。


お金に関する本、経済に関する本、投資に関する本を読んで、自分の頭で考えてみること。直接の利害がない専門家によるセミナーや講座に参加してみること。

聞こえのいい話に耳を傾けるよりも、自らお金について学び、慎重に選択していくことが大切です。

人生を楽しむための体メンテナンス

40代から50代にかけて、体の状態が大きく変化していきます。

老眼が始まり、疲れが取れにくく、生活習慣病のリスクも高まっていきます。20代、30代の頃の感覚で生活していると、心身ともに落ちていくばかりという状況になってしまうかもしれません。

「体が資本」という言葉は、あなたも必ず一度は耳にしたことがあり、また「そうだよな」と納得したことがあると思います。

ところが、人間は不思議なもので、客観的に受け止めたときは「その通りだ」と思えることでも、いざ自分のこととなると軽く受け止めてしまいがちです。

「体が資本」や「健康第一」も例外ではなく、体のメンテナンスが重要だと理解しているにもかかわらず、自分は何歳になってもとりあえず大丈夫だろうと思い込んでしまうのです。

もちろん、実際にはあなただけは例外的に若い頃と変わらないなんてことは起きません。年齢を重ねるうちにどこかで体に不調が表れ、場合によっては重い病気にかかってしまうこともあります。

50歳から先の人生を想像したとき、体が思うように動かなくなれば、どんなに金銭的な自由が手に入ったとしても人生を楽しむことが難しくなってしまいます。足腰が弱り、思うままに出歩けないとなったら、定年退職して気ままに遊びたいと計画を立てていてもご破算です。

だからこそ、50代に入る前に体のためにならないことをやめましょう。

タバコ、深酒、暴食、運動不足、睡眠不足、働き過ぎ……。体を蝕《むしば》む習慣を改め、トレーニングや食事へのケア、定期的な健康診断の受診など、カラダメンテナンスが重要になっていきます。

50歳ともなると、周りにはガンで亡くなった人、病気で長期療養中の人も出てきます。誰もが「自分は永遠に良い健康状態が続く」と信じていますが、そんなことはないと気づかされるわけです。

実際、わたしもトライアスロンを一緒にやっているチームの仲間たちと「こうやってレースができていること自体が幸せなことだよね」と、しみじみ話すことがあります。

厚生労働省が行った平成28年の国民健康・栄養調査によると、40代で運動習慣がある人の割合は男性20・3％、女性13・4％、50代ではそれぞれ25・5％、25・9％。運動習慣のある人が少数派であることがわかります。

まだまだ仕事や家庭生活で忙しい時期ではあるものの、「この生活を10年続けていたら、10年後にどうなっているか？」を想像しながら体のメンテナンスを考えていきましょう。

いくつになってもこの投資だけは怠らない

わたしはライフスタイルの一環として、30代はサーフィンと筋トレをやってきました。しかし、40歳になる頃から「筋肉だけあっても、意味ないな」と思い、将来使える体を作るためにトライアスロンを始めました。

トライアスロンは過酷な競技と思われがちですが、持久系の筋力が求められる分、瞬発系の筋肉を使うスポーツよりも中高年向きです。また、自転車は子どもの頃、誰もが乗ったことのあるアイテム。久しぶりにロードバイクに乗ってみると、それだけで視界が開け、漕ぎ出してみると風を切る爽快感を味わうことができます。

そんなふうに自分に合ったスポーツを見つけることで、楽しみながら運動習慣を身につけることができます。**運動と食生活の改善、睡眠の質の向上。この3つが50歳からの体の**

コンディションを高め、クオリティ・オブ・ライフを向上させていくポイントとなります。

実際のところ、最近、あなたの体調は良好でしょうか？

体をマネジメントすることは、50代以降の人生を支える土台として欠かせない行為です。体力がなければメンタルにも弱さが出ます。前日の疲れが抜けないまま仕事に追われる生活リズムにもなっていきます。また、複数の案件が重なると心身ともにいっぱいいっぱいになるなど、仕事にも支障をきたします。

さらに、50代以降、生活習慣病になってしまったら人生の楽しみそのものにも多大な影響が出てしまいます。

つまり、体が弱り、体力が低下していいことは1つもありません。体を動かすこと。体をメンテナンスし、マネジメントすることは、年齢を重ねれば重ねるほど重要な投資になっていくのです。

しかし、内閣府の「体力・スポーツに関する世論調査」（平成29年度）を見てみると、世の中の多くの人が体のマネジメントを棚上げし、先送りしています。

じつに50代の男性の82・6%、50代の女性の82・2%の人が「運動不足を感じる」と答えているのです。

体力の衰えには加齢の影響が大きく、下半身の筋肉は20歳を１００とすると、60歳では半分になってしまいます。また、平衡感覚は同じく30%以下に低下するそうです。足腰が弱れば、運動も外出も億劫になり、動かないから余計に足腰が弱るという悪循環に陥ります。

しかし、本人の努力次第では60歳、70歳になっても体をフレッシュな状態に保つことは可能です。「序」で紹介した稲田弘さんのように、60歳で水泳を始め、80代になってから世界最高齢のアイアンマンとして称賛されている人もいます。

また、わたしの父も60歳からランニングを始めたところ、すっかりマラソンにはまりました。70代後半になった今でも若い仲間たちと一緒に海外のレースに出ており、東京・ボストン・ロンドン・ベルリン・シカゴ・ニューヨークシティの世界6大マラソン大会を制覇したランナーだけに贈られるＳｉｘ Ｓｔａｒ Ｆｉｎｉｓｈｅｒ《シックス・スター・フィニッシャー》の称号を得るまでになっています。

その1秒・1キロへの挑戦が仕事にも生きてくる

もちろん、誰もがアイアンマンやフルマラソンの完走を目指す必要はありません。ビジネスパーソンにとって重要なスキルはさまざまですが、ただ、大前提として健康であることが不可欠。

トレーニングを続け、体をマネジメントすることには価値があります。

というのも、体にある程度の負荷にかけて壁を乗り越えるというプロセスを経ることで、体力だけでなく、メンタルも一緒に強くなっていくからです。

例えば、ランニング中に「ちょっときついけど、もう少しだけペースを上げよう」とがんばれば、タイムが右肩上がりに速くなります。ウェイトトレーニングでも、「辛い」と思ってから、あと1回、2回と最後の力を振り絞ってやると、筋肉は肥大していきます。

こうした経験の積み重ねが「やればできる」という精神的な自信につながり、それは仕事でもプライベートでも瀬戸際で踏ん張れるメンタルの強さとなって反映されます。

ある程度の年齢になり、会社でのポジションも相応のものになり、それなりの資産ができていたとしても、体への投資活動をおざなりにしていれば人生の質、クオリティ・オブ・ライフは保てません。

体の変化を如実に感じるようになる分、50歳は体のマネジメントを真剣に始めるのに最も適した時期です。実際、わたしのトライアスロン仲間の1人は、50代でトライアスロンを始めました。

その理由を聞くと、「60代、70代になっても人生を楽しみたいから。この先も体を動かす習慣として続けたいので、最初の3年間は一生懸命やる。習慣化されれば、あとは自然に続けられるはず」と答えてくれました。

50代にもなれば、30代、40代の頃よりは自分である程度、仕事をコントロールできるようになっている人が多いでしょう。プライベートの時間を確保するのが難しい時期は過ぎています。トレーニングのための時間を確保して、体のマネジメントを始めていきましょう。

第3章

今こそ、自分の「現在地」を確認しておく

収入、人間関係、自分の時間…
充実した人生を送るための基本

自分の立ち位置を知る1つのモノサシ

最初に少し厳しい話をしたいと思います。

今、あなたの年収はいくらぐらいでしょうか？

国税庁が行っている「民間給与実態統計調査」によると給与所得者（サラリーマン）の平均年収は男性521万円、女性280万円です。まだまだ男女の差が大きいことに驚きますが、50代の平均年収を見てみると、50代前半の男性は649万円、50代後半では599万円。50代前半の女性は494万円、50代後半では457万円となっています。

さて、あなたの年収は平均値に比べてどうでしたか？

続いて、もう1つ別のデータも紹介しましょう。

2018年に行われた「家計の金融行動に関する世論調査2018（2人以上世帯調査）」によると、50代の世帯の平均貯蓄額は1481万円、中央値（少ない順から並べたときに真ん中に位置する貯蓄額）は900万円でした。

こちらの数字もあなたの貯金額と比べてどうでしたか？

こうしたデータを知ることは自分の現在地を把握するうえで、大切なことです。平均年収や平均貯蓄額は、自分の立ち位置を知る1つのモノサシだと言えるでしょう。

もちろん、平均年収よりも収入が多ければ幸せ、平均貯蓄額よりも貯金が多ければ豊かというわけではありません。個々人、各家庭によって状況は異なり、年収は平均値より少なくても、父や母が残してくれた資産があるという人もいれば、世帯年収が1500万円でも浪費家で貯蓄ゼロという世帯もあるでしょう。

ただ、生活を取り巻く平均的な数字を知らずに何もせずにいると、やがて取り返しのつかない状況になってしまうでしょう。

それはビジネスパーソンとしての自分の価値についても当てはまります。**あなたが働いて得ている給与、賞与が全国平均よりも高いのであれば、「会社」はあなたの価値を認めてくれている**ことになります。しかし、**同業他社があなたの価値を同じように見積もってくれるかどうかは、また別の話**です。

例えば、人事院が発表している「職種別民間給与実態調査」を見ると、大企業に勤める技術部長の平均給与は72万8327円、事務部長は73万6363円となっています。年収に換算すると、前者が約834万円、後者は約884万円。同調査ではボーナス額も明らかになっており、支給状況は平均4・42ヶ月。これを加えると、大企業の部長職にあると年収が1200万円台だということがわかります。

これが中小企業になると、同じ部長職でも4割減の700万円台半ばに。果たして、2人の部長の間に年収額ほどの能力の開きがあるかと言えば、どうでしょう？　むしろ、新卒時の学歴、就職活動における運・不運によって左右された可能性が大きいのではないでしょうか。

今の自分を最も高く評価してくれるのは誰か

では、自分自身の今の立ち位置は果たして自分の能力に見合ったものなのか？

そんな疑問を感じたことがあるなら、**50歳を機に転職エージェントに登録し、面談してみることをオススメします。**

今転職を考えていなくても、今後のキャリアを真剣に考えるうえで、一度、自分の市場価値を知っておくことは大事なことです。会社内の評価は必ずしも社会の評価と一致するとは限りませんから、「大企業の部長職を務めた自分なら、転職や独立も容易なはず……」といった見通しがいかに甘いかもわかります。もちろん、逆に今の会社では評価されていない能力が、他業種のベンチャー企業からすると非常に高く評価されるケースもあります。

また、単純に50代で転職した場合の年収の変化も知ることができます。「年収が下がっても2割減くらいだろう」「とはいえ、下がるのを受け入れれば転職先はあるだろう」などという希望的観測が、たいていの場合、いかに現実とかけ離れたものなのかを思い知るはずです。

よほどの能力がなければ、50代での転職で当人が満足できる転職先は見つからないのが現実です。

基本的に年収は前職の3割から4割減。それならまだしも、年収800万円だった人が300万円、年収650万円だった人が250万円など、半分以下の条件になることもめずらしくありません。

右肩上がりの転職は、まず不可能です。さらに厳しい現実を知りたいなら、休日に転職エージェントを訪ねて50代向けの求人をチェックしてみましょう。正社員の募集の多くは、月収20万円前後であることに気づくはずです。

外の世界を垣間見ることでよくわかるのは、「現時点で自分のことを最も高く評価しているのは、今、働いている会社だ」ということ。40代、50代にとって会社は次のステップへの踊り場のようなもの。給料をベーシックインカムとしながら別の形で稼ぐ方法＝複業を模索していくのがいいでしょう。

それが結果的に50代以降の新たな人生の可能性を広げることにもつながっていきます。

50代は基本的に「会社を辞めてはいけない」

あなたが50代に差しかかったビジネスパーソンで、会社員として仕事をしているのなら「会社を辞めてはいけない」というアドバイスを改めて送りたいと思います。

特に転職は経験したものの現在の会社には長年勤めているという人、新卒から1社で働き続けてきた人は、多くの場合、多少の我慢をしてでも、そのまま最後まで勤め上げるのが賢明です。

理由は3つあります。

1つ目は、**客観的に見て条件がいいから**です。

退職までに支払われる給料、退職金といった金銭的な待遇面、慣れた環境で経験を積んできた仕事ができること、気心の知れた人間関係があること、あなたのパーソナリティが受け入れられているといった有形無形の働きやすさなど、そこに居続けることで得られるメリットはいくつもあります。

2つ目の理由は、**毎月の給料を確保し、安定した環境にいながら60代、70代に向けた準備の時間が持てる**ことです。退職してフリーランスになった人は仕事を作り、稼働しなければ報酬が得られません。また、独立して会社を起こし、何らかの事業を始めた場合も売上が上がらなければ収入は発生しません。

その点、乱暴な言い方になりますが、会社というところは勤めているだけで給料を出してくれます。毎月決まった金額が振り込まれる状態のありがたみは、サラリーマンという立場を離れた経験のある人の方がよくわかるかもしれません。

仮に50代半ばで役職定年になって給料が下がったとしても、自由な時間は増えるはずです。定期的な収入を得ながら人生の後半戦をどう生きるかの準備を始めるのに最適な環境です。

3つ目の理由は、**時代の変化**です。かつてサラリーマンが本業の他に仕事を持つことは禁止されていました。しかし、今は多くの企業が社員の「複業（副業）」を認める方向に舵を切っています。

また、インターネットが社会に浸透したことで、複業の選択肢も豊富な時代になりました。複業は収入の流れを2つ、3つに増やしながら、新たな経験を積むことできるという意味で、人生に広がりを与えてくれます。

これから資格取得、英語スコアに意味がなくなる

40代後半から50代に差しかかる頃には、会社の中での終着点がはっきり見えてきます。同期同士の出世レースにも決着が付き、「このまま、この会社にいても……」とモチベーションを下げてしまう人も少なくありません。

しかし、他責的な思考で転職を考えるのは避けるべきです。

「この業界は先細っているから、10年後が不安」

「社長や上司、職場の人が無能だから転職したい」

「自分はがんばっているのに評価されない」

こうした他責思考で辞めたいと思う人は、転職先でも同じ不満を抱えます。

結局、「隣の芝生は青く見える」ということ。

それでも30代までは次を見つけることもできるでしょう。また、転職のタイミングが景気のいい時期に重なっていれば、人材不足の中で企業が管理部門に「埋めなければいけないポジション」を抱えており、本人の能力以上の待遇で迎えられることもあります。

しかし、現状に不満を抱えるタイプの人は遠からずまた次の不満を抱え始め、待遇が下がったら別の会社に移り、螺旋《らせん》階段を下りるように条件の悪い転職を繰り返すことになるのです。

無謀な転職に踏み出さないためにも、転職エージェントへの登録は役立ちます。登録するためには、自分のキャリアを説明する必要があります。すると、これまでやってきたことを振り返り、自分の強み、弱みを見直すチャンスにもなるのです。

また、新たなスキルを身に付けたいと思ったとき、多くの人が「資格を取る」という選択をしがちです。しかし、前述したように、こうした資格がしっかりキャリアに結び付くケースは今後、急速に減っていくはずです。

例えば、2012年に出版されたリンダ・グラットンの『ワークシフト』(プレジデント社)という本には、「2025年には、コンピュータの翻訳機能が向上して、語学を学ぶ必要がない時代がくるかもしれない」という記述があります。

2012年から7年が過ぎ、Googleの翻訳機能を筆頭に、かなり精度の高い翻訳ソフトが手軽に使えるようになりました。このペースで開発と改良が進めば、リンダ・クラットンの予想は当たり、英検やTOEIC、TOEFLのスコアには大きな意味がなくなるかもしれません。

基本的にどんな資格の試験でも問われるのは暗記力です。ところが、記憶し、再現するという能力に関してはAIの方が確実に人よりも優れています。会計士、税理士、弁理士、社会保険労務士、宅地建物取引士といった士業の多くは遠からず業務の一部、ないしは多くをAIに持っていかれるはずです。

資格を取ることより、はるかに重要になってくること

資格を取ることよりも、世の中で起きている新しい流れに対して「これはなんだろう?」と好奇心を持って知ろうとすることの方が大切です。

例えば、「メルカリ」を筆頭としたフリマアプリ。2013年に登場して以来、今では無料の専用梱包《こんぽう》コーナーを設置する郵便局も登場するほど、急速な勢いで世の中に広まっていきました。

わたしも最初は「またネットの新しいサービスが始まったのだな」と思っていましたが、社会現象として盛り上がる過程で「なんでこれがこんなにウケるのだろう」という好奇心に背中を押され、実際にサービスを利用してみました。

やってみると、「専業主婦の女性が、サラリーマンの夫よりも多く稼ぐようになった」「月5、6万円の副収入源として活用している人が増えている」といったニュースが嘘ではないことがわかりました。


もちろん、お金を稼ぐことがえらいわけではありません。

しかし、スマホが手元にあれば開業資金もオフィスも必要なく、すぐにC to Cのビジネスを始められる機会ができたこと。そして、それを専業主婦や学生など、ビジネスの経験があまりない人が軽々と活用してしまうこと。

まさに世の中の仕組みが変化したことを実感します。


また、目利きの人は、エニグモという会社が展開している「BUYMA《バイマ》」というファッションに特化したソーシャルショッピングサイトで稼いでいます。

こちらは海外在住のパーソナルショッパー（出品者）から世界中のアイテムを購入することができるという仕組み。わたしのロサンゼルス在住の知人は、「ＢＵＹＭＡ」でナイキのスニーカーを販売しています。日本国内のショップで買うと１足４万円前後のスニーカーが、ロサンゼルスで買うと２５０ドルほど。１足につき１万円ちょっとの利ざやが出る計算です。それを月に５足ほど扱い、副収入としています。

もちろん、日本から海外へ商品を販売する人もたくさんいます。

例えば、日本限定発売の海外アーティストのファッションアイテムや古いレコードを輸出している人。海外では販売されていない商品のため、マニアが多いアーティストであればあるほど、高額で売れるそうです。

いわば趣味の範囲がマニアックであればあるほど、意外なチャンスにつながっていくわけです。

収入源を増やすのにスキルはいらない

ネットにはベンチャー企業が手がけたさまざまなプラットフォームがあり、利用にはほとんどお金がかからず、小さなビジネスを複業として始めることができます。この手軽さは2000年代までは、まったく考えられなかったことです。

あなたは過去と同じマインドセットで、ビジネスを始めるには事務所を借りて、人を雇って……と考えていませんか？

環境が変わったのなら、こちらもマインドセットを変えて、その波に乗っかることです。

テクノロジーの変化によって、個人がやれることが劇的に増えました。スキルがなくても複業もできてしまう時代。旦那さんが残業して疲れている間、奥さんがメルカリでめちゃくちゃ稼いでいるみたいな家庭が増えていく時代。プラットフォームがあるから個人でできます。会社を構え、投資して……というステップを飛び越え、サイト上で登録するだけで始められます。

そういう変化が世の中にあり、その流れは加速しながら増えていきます。インターネットという技術があることでビジネスのハードル、コストが劇的に下がっていること。その変化に対して自分が対応できているかを知りましょう。

自由度は上がり、生き方の幅は広がっています。すでに特定の住む場所を持たず、移動しながら生活している人が世界中にたくさんいます。これはインターネットがなければできなかったことです。

身構えてすごいビジネスにしようなどと考えなくても、もっと気軽に収入のストリームを作っていける時代なのです。複業によって複数の収入源を作っておけば、50代以降の人生でできることも増えていきます。

わたしたちが20代、30代の頃には、メルカリもBUYMAもありませんでした。好奇心を持ってインプットを増やし、試しに新しいことを始めてみましょう。実験すると、何かが生まれてきます。

50代でますます重要になる「自分と向き合う時間」

とはいえ、50代のビジネスパーソンの日常は何かと忙しいものです。

オフィスでは若手の話を聞き、与えられている目標を達成するための指示を出し、上司や会社の考えていることを想像しながら先々のことにまで思いを致す。プライベートでも親の介護問題や子どもの成長に合わせた諸問題と向き合い、なかなか自分だけの時間を取ることができません。

だからこそ、**「物事を考える時間」「自分と向き合う時間」を持つことはとても大切なインプットの時間**になります。

例えば、あなたが今、読んでくれているわたしの本に書かれていることの100%が、あなたにとって正しいわけではありません。

大事なのは、読んでくれた人が少し立ち止まり、自問自答することです。

「自分と向き合う時間か……。自分には今、独りで考える時間が足りていないかも」と気づき、「そういう時間を持とう」と心がけるのもいいですし、「いや、今は脇目も振らずに突っ走る時期だと思う」と決めるのも自由です。

この一拍置く時間があるかないかによって、人生の流れは大きく変わってきます。

わたしたちの脳は自分で選択し、決めたことについては満足して取り組んでいこうとする性質を持っています。一方で、なんとなく流れに任せてやり始めたことは、継続できずに途切れてしまいがちになります。

若い頃は人の作った流れに乗って進む時期があってもいいでしょう。もし、その流れに流されて思い描いたこととは違う結果が出たとしても、それを反省材料にして取り戻す時間があるからです。

しかし、50代から先の人生では、時間という資産の貴重度がますます増していきます。

「この流れに乗っていいのか？」「違う方向に進んでいないのか？」

一度立ち止まり、チェックすることで時間をロスするリスクを減らすことができるのです。

「正解」がないからこそ、小さな実験を繰り返す

「物事を考える時間」「自分と向き合う時間」は、あえて作ろうとせずとも、日常生活の中で持つことができます。

わたしの場合、飛行機で移動している間、ランニングをしている間、サウナに入っている間などが、独りの時間になっています。一人旅に出る、周囲に人がいない場所に行く、一人きりの部屋で物思いに耽るといった儀式めいた区切りは必要ありません。

時間も5分もあれば十分です。

機内のような公共空間でのざわめきは気持ちを落ち着かせてくれますし、走りながらではiPhoneを見ることはできませんから、思考に集中できます。また、サウナでは各々が自分なりのやり方で楽しんでいますから、周りのことが気にならずにメディテーション的な状態に入ることができます。

孤独になる時間が必要なのではなく、独りで考え、自分自身に向き合うことが重要です。一人旅に出て物思いに耽るのとは、違います。

・この先どうしようかな？　と、ライフプランを見直す
・この間のアイデアはものになるかな？　と、ビジネスのアイデアを膨らませる
・今やっていることはこのままでいいのかな？　と、取り組みについて問い直す

人生は〇×クイズではありませんから、100％の正解などありません。正解がないからこそ、自分で考え、いいと思う方向へ踏み出してみるしかないのです。

選択し、行動し、また考える。この繰り返しで、とりあえず動いてみることが大切なのです。


50代になって「物事を考える時間」「自分と向き合う時間」を取ると、誰もが「人生は小さな実験の繰り返しなんだな」と気づきます。

踏み出す前に「大変なリスクだ」と思っていたことのほとんどは、通りすぎてしまえばどうということもありません。

少し進んでみて違うなと思えば、立ち止まって方向を変えたらいいだけなのです。

自分の「現在地」を知るためにも人生の長期プランを

これだけ変化が激しい時代には、長期プランを立ててもあまり意味がありません。昔はわたしも、何歳までにハワイで暮らしたい、そのためには……と長期的なプランを立てていました。しかし、今はわたしたちが20代、30代だった頃に比べ、世の中の仕組みが変わっていく速度が圧倒的に速くなっています。

そこで、自分で自分を縛るようなスケジュールを立てていても、可能性を狭めるだけです。わたしはそんなふうに考えるようになり、今は自由度を一番大事にして生きています。大切にしているルールは、「何にも縛られないこと」「何からも解放されていること」です。

これがわたしにとっての人生の豊かさの基準になっています。

仮に一生困るほどのないお金を持っていたとしても、離れることのできない仕事があり、時間的な制約があり、移動の自由が制限されているとしたら、それはわたしにとって幸せな状態ではありません。

お金よりも、時間と移動の自由があり、何ものにも制約されないこと。だから、わたしは長期的プランを作っても仕方がないと思っています。

しかし、これはあくまでもわたし個人の価値観です。

周囲の同世代のビジネスパーソンを取り巻く環境に目をやると、改めて50代以降の長期的なプランを立ててみることにも意味があると思うようになりました。

「会社員人生もそれなりにやってきた。この先もどうにかなるだろう」

そういった成り行きまかせで切り抜けられるほど、現代の状況は甘くありません。

残された時間についてシビアな感覚を持つためには、一度、長期的なプランを立てて現状を把握することが役立ちます。そのうえで、そのプランを実行するかしないかは自由に決めていけばいいのです。世の中の変化は速く、しかしその方向は良い方に向かっています。あとは、その波をあなたがどう掴むかです。

チャンスを捉えるためには、世の中に起こっている新しいことを積極的に取り入れていくこと。そのためには自由であること。好奇心を持ち続けること。長期プランを立てるとき、その起点となる「現在地」を確認するために役立てましょう。

これからの人生に必要なのは「ヨコの人間関係」

50代以降の自由な人生を考えたとき、「人間関係」の築き方についても変化させていく必要があります。会社を中心とした「タテの人間関係」ばかりを重視していくと、人間関係がどんどん内向きになっていき、自分の可能性を狭めていってしまいます。

友達は「数」ではなく「質」や「関係の深さ」で考えましょう。広く浅くのスタンスで人と接しているかぎり、真の意味での人間関係は築けません。

さらに、**50代になったら「誰を知っているか」ではなく、「誰に知られているか」が人とのつながりのうえで重要なポイント**になります。いざというときに頼れる人がいるだけではなく、自分が頼られるような関係になりたいものです。

そのためにも、自分は何を持っているか、相手に何で貢献できるのかを常に考えておくことが欠かせません。

また、若い人たちとの付き合いでは、聞き役になり、教える側ではなく、謙虚に教えてもらう側に回れるかどうかも、人間関係において大事なポイントになります。

働いている会社で作ることのできる人間関係は、基本的に上司や部下、取引先といった関係を起点とした「タテの人間関係」が中心になります。しかし、**会社という看板から離れたところでも役立つのは、「ヨコの人間関係」**です。

「ヨコの人間関係」の土台になるのは、肩書や利害関係のない状態で出会った人たち。そんなヨコの人間関係を広げていくのに適している場が、異業種の人たちが集まるコミュニティです。とはいえ、名刺交換するための場になっているような異業種交流会や勉強会に参加しても意味はありません。

ヨコの人間関係を築くなら、コアな目的、共通の価値観を持つ人たちが集まる場所へ飛び込みましょう。

わたしは会社員時代、アフターファイブを社内の人と一緒に過ごすことはほとんどありませんでした。その代わりに、90年代後半のＣｉｔｉｂａｎｋ時代、始まったばかりのインターネットでの金融系ビジネスの勉強会を自分で立ち上げて、社外のさまざまな年代の人とつながりを作っていました。

現在はトライアスロンのチームを主宰しています。最初はプロのコーチに声をかけ、自分と同世代のトライアスロンに本気の友人を集めて、輪を広げていきました。

ヨコの人間関係を築くには共通のテーマや、趣味をベースにするのが一番早いと思います。なかでもスポーツは同じ目標を追い求めるため、関係が深まるまでがスムーズです。

わたしのトライアスロンチームには、年齢・職業に関係なく、上は50代後半から下は20代後半まで幅広い仲間が集まっています。

名刺交換もしなければ、職業紹介もしないので、誰が何の仕事をしているのかもあまりよくわからないまま。何の利害関係もなく、バックグラウンドや職業、性別に関係なく、本気でトライアスロンを楽しむという共通点でつながった仲間たちです。

誰とでもオープンにつながればいい、というわけではない

こういったヨコの人間関係を築くとき、わたしが大切にしているのは、相手が〝ナイスな人〟であるかどうかです。

ナイスな人というのは、**根本的な人間性がいい人。一緒にいて気持ちのいい人。それに**

加えて、自分で物事を興し、生み出せる人間であることです。

逆に依存型の人はチームの雰囲気を乱します。

また、暗くない人というのも大事にしています。仕事でも同じですが、ネガティブな意識が強い人は、うまくいかなくなったときに、そこで折れてしまいます。

職場の後輩など、タテの人間関係であれば手を差し伸べ、サポートする必要がありますが、ヨコの人間関係は対等で平等。自分が相手に対してナイスな人であり、相手もまたナイスな人であるという関係性が基本です。

だから、どんなに能力があっても、肩書がすばらしくても、ナイスじゃない人とはチームになれません。

もう1つ、ヨコの人間関係を築いている仲間たちと気が合うことも重要な条件です。わたしはこれまでいくつも「会」を主宰してきましたが、誰でも仲間に入れる会は絶対にいい会になりません。

世の中、自分だけ得しようという人が多いので、下手に受け入れてしまうと既存の仲間に迷惑がかかります。だから、ナイスな人しか入れない……といった基準で門戸《もんこ》を少し狭めて、すでにそこにいる人との関係を守っています。

経営者であれば、「いい会社を作って、これこれこういうことで世の中の役に立ちたい」というのがすべての始まりだと思います。そういった所期の思いに強くこだわらないと、同じ目的を共有して集まった仲間に迷惑がかかってしまいます。一方、いいメンバーを集めることができれば、ヨコの人間関係でつながったみんながハッピーになり、楽しいことの相乗効果が起こるのです。

人は何かを勧められたとき、すぐに行動を起こすタイプと、「今は忙しいから……」と言い訳から始めるタイプの2種類に分かれます。

実際、わたしたちの世代はそんなに暇があるわけではありません。でも、すぐに行動を起こすタイプはいます。彼らは暇だから動けるわけではありません。好奇心が背中を押すのです。

行動に移せる人間なのかそうではないのかで、人間関係の広がりは大きく変わってきます。何事もすぐに動ける人は、ビジネスにおいても成果を出していきます。

もし、あなたが少しでも今の人間関係に危機感を感じているなら、**心地よいコミュニテ**

ィから1回、外へ出てみましょう。昔からの仲間と縁を切る必要はありません。重要なのは、別の価値観に自ら触れることです。

年齢や肩書に関係なく付き合える場に飛び込みましょう。名刺交換ではなく、「はじめまして！」の挨拶から始めることが、人間関係を変える第一歩となります。

10代の若者、70代の高齢者ともフランクに付き合えるか

あえて、これまでの自分とは異色のコミュニティに参加してみる……といった取り組みができるのも、50代のうちとも言えます。

会社なり、家族なり、安定した帰れるコミュニティがあるからこそ、あえての実験を行う余裕も生まれます。これが定年後になってしまうと、外に飛び出して傷ついたとき、戻る場所がないかもしれません。

トライアスロン関係の仲間に「タケちゃん」という先輩がいます。サーフィンのレジェンドには「ケンちゃん」という大先輩がいます。

2人の共通点は、下は10代から上は70代までトライアスロンやサーフィンでつながる仲間がいること。しかも、自分たちのチームだけでなく、コミュニティを飛び越えて横断的にたくさんの仲間から慕われています。

まさに「ヨコの人間関係」を築くことの達人です。

2人は人の輪に入るとき、自分のことを「タケちゃんと呼んで」「ケンちゃんって呼んで」と自己紹介し、年下の仲間が遠慮して「タケさん」「ケンさん」と呼ぶと、「いやいや、タケちゃんで」「ケンちゃんでお願い」と返します。

もし、あなたがこれから入っていこうとしているコミュニティの平均年齢が低く、自分が年長者になりそうだな……と感じたら、「○○ちゃんと呼んで」と試してみると何かが変わるかもしれません。

もしくは、ニックネームで呼んでもらうことで溶け込んでいく。タテの人間関係に慣れている人ほど気恥ずかしく思えるかもしれませんが、**わたしの知る限り、仕事でしっかり実績を上げている人ほど、そういうフランクなアプローチで若い人たちの輪に溶け込んでいけます。**

また、その際は年齢を聞かない、言わない方がいいでしょう。

せっかくニックネームで呼び合い、フラットな付き合いができそうなのに、年齢を聞いた瞬間、敬語が飛び交うようになってしまいがちです。意図的に年齢は聞かない、言わない。ニックネームで呼び合う。そんなことを意識して、新しいコミュニティに飛び込んでいきましょう。

あなたが自ら会を主宰するという選択もあります。

その際は目的を絞り込みましょう。目的や方向性の違う人よりも、ある程度、同じ目標を持った人が集まる方が、お互いにいい刺激を与え合える関係になれるからです。

もちろん、マラソンやトライアスロン、サーフィンといったスポーツでなくても構いません。釣りやワインや日本酒を楽しむ会、ビジネス書が好きな人の読書会、子どもを介したお父さん同士の集まりでもいいでしょう。

そして、せっかく会を主宰するなら、参加者が「おもしろいことができる相手と縁を結べる場」にしたいもの。自分にとって身近で関心の深いテーマを見つけて、絞り込んでいきたいものです。

変えられることと変えられないことを区分けする

体への投資は十分に行ってきたはずのわたしの体調にも、確実に老いによる変化は表れています。

50歳の誕生日が近づいてきたある日、「最近、どうも目の調子が悪いな……」と思い、友人の眼科医に診《み》てもらったところ、あっさり「ああ、老眼だね」と言われました。すぐに老眼鏡を購入しましたが、やはりちょっとしたショックは残りました。

ただし、そこで大切なのは「俺ももう年だな」と落ち込んだ気分を引きずるか否かです。

加齢による体調の変化、職場での立場の変化などによって引き起こされる中年期の危機は「ミッドライフ・クライシス」と呼ばれています。

例えば、英国国民統計局が2012年〜2015年の3年間にわたり、イギリスの30万人を対象に個人の幸福度を分析したデータによると、「40〜59歳の人たちは他の年代に比べて幸福度と満足度が低い」ことがわかっています。

この世代は、イギリスだけでなく先進国の多くで、自身の健康問題、金銭問題、キャリアの変化など、さまざま問題を抱え、メンタルの調子を崩す傾向があるようです。

しかし、こうした問題に向き合ったとき、下降線を描く流れに身を任せてしまうと状況は悪化します。老眼を治すことはむずかしいですが、生活スタイルに合ったメガネ、コンタクトレンズを利用することで生活のクオリティを下げずに済むように、体力面の問題についても多くの対抗手段があります。

大人になってから球技を始めても子どもの頃からやっている人の方が圧倒的に有利ですが、有酸素運動に関しては別です。瞬発系の筋力は加齢によって衰えますが、持久系の筋力は加齢では衰えにくく、ランニングやウォーキング、スイミングなどのトレーニングを続けることで維持することができます。

特にこれまで何もスポーツをしてこなかった人は、逆に加齢に対抗して大きく数値を上げることも可能です。

このように努力して変えられること、変えられないことは分けて考えましょう。

思考の柔軟性、体のメンテンス、デジタルデバイスの活用などは年齢に関係なく努力によって維持、変化させることができます。

「年だから……」と落ち込むのではなく、世間ではこう言われているけれど……自分はどうか？　変えられるところはないのか？　そんな視点で打開策を探っていきましょう。

第4章

「自分の人生」を取り戻す、この小さな一歩

ワクワクする50代に必要な、
たった１つの動き方

あなたの能力にいくらの価値があるかを計る法

定年を前にした転職、あるいは定年退職後、再度フルタイムで働こうとして壁にぶつかる人が増えています。

60代、正社員にこだわると仕事の種類は非常に狭くなり、また給料も月収で30万円を超えることはまずありません。それでも正社員ですから毎日、会社に行かねばならず、給料が上がる見込みはなく、役職が上になる可能性もありません。

わたしから見ると、60代での正社員としての就職、転職はリスクでしかないと思います。それは自分の力で変化を起こせない環境に身を投じることになるからです。

自分にどんな可能性があるのか、どういうふうに変化していけばいいのかを知るためには、先に述べた転職エージェントへの登録や相談でもいいのですが、やはり複業がオススメです。

給料以外の方法で、1人で稼ぐ力があるのか。

会社の看板のもとで培ってきた実務能力は外からも評価されるのか。

指示されるのではなく、自分で考え、決断する仕事の仕方が向いているのか。

そういった自分の能力を知らないまま、早期退職で退職金をもらい、フランチャイズチェーンに加盟して店舗経営を始める……といったアクションを起こすのは無謀です。

客観的に自分の力を見極めるためにも、40代、50代から実験としての複業を始めてみましょう。

会社に籍を置きながら始めることができる複業には、大きく分けて2つの種類あります。

1つは、時間給で賃金が支払われるアルバイトやパートです。本業が終わった後の夜や深夜、あるいは出勤前の早朝など、ある程度まとまった時間に労働力を提供し、時間給で対価を得ます。

コンビニエンスストア、飲食店での接客、工事現場での交通整理、イベント会場での設営や撤収、観客の誘導、宅配ピザやウーバーイーツの配達員、清掃、データ入力など、1回3、4時間稼働する条件で探すと比較的簡単に複業先が見つかるはずです。

すぐに始めることができますが、将来に向けた複業ではなく、時間を切り売りする、副収入を得るためだけの副業で終わってしまうのでオススメしません。

やるべき仕事が準備されていて、ある程度の労働力を提供すれば時給がもらえるという仕組みから学べることはさほど多くないからです。

会社に籍を置いているという好条件を生かして複業を始めるなら、あなたの能力に対してお金が支払われるという働き方にチャレンジする方が、はるかに自分の可能性を広げてくれます。

それがここでオススメする複業の形です。

例えば、あなたがこれまでの仕事を通じて培ってきた知識をアドバイスすることでコンサルティング料やアドバイザー料を受け取る。カスタマーサポート部門をマネジメントしてきた経験を生かして、クレーム対策などのアドバイスを行う。

スポーツの世界で言えば、選手からコーチになるような感覚で、これまでの仕事で積み重ねた経験や知識を仕事に紐《ひも》づけていくイメージです。

重要なポイントは、すぐに仕事が見つからなくてもあきらめないこと。そして、単価が安くても、怯《ひる》んだり、プライドが傷つけられたと腹を立てたりしないこと。なぜなら、**複業を通してあなたの能力がお金に換わるのかどうか、お金という対価を得るために足りな**

いところはどこなのか、そして何より、あなた自身の市場価値が現時点でどれくらいなのかを知ることが目的の1つだからです。

「5万円稼ぐ」ことの難しさを知っておく

わたしの場合、90年代半ばにMBA取得のためにアメリカへ留学していたときに自分で稼ぐことのおもしろさと難しさを学びました。借金をしての自費留学だったため、滞在費の足りない分を稼ぐ必要があり、わたしは現地で得た最新のインターネット事情を日本のベンチャー企業に提供し、収入を得ていました。

1本のレポートを送って数万円の対価です。10万円、20万円を稼ぐことがいかに大変か。そのためにどれくらいの時間がかかるのかも実感しました。ときにはクライアントから「こんな企画には1円も払えない」と言われたこともあります。

こちらとしては仕上げるまでに十分な時間をかけてがんばったにもかかわらず、対価ゼロではたまりません。しかし、クライアントの話を聞くと、そのとき送った企画には相手にプラスになる情報が含まれておらず、的はずれなものであることに気づかされました。

能力に報酬が支払われる複業の場合、こちらが費やした時間や努力が重要なのではなく、求められた結果が出せたかどうかが評価基準となります。

それが時間給での複業との大きな違いです。

今、会社員として年収が1000万円を超えている人でも、個人の力で5万円稼ぎ出すことがどれだけ難しいかが感じ取れるはずです。

一方、社内である程度の地位がありながら、会社の仕組みに甘えて仕事をし、プライドだけが高くなっているサラリーマンは、「俺のする仕事じゃないだろう」といった言葉を口にしがちです。

こうした言葉は、「やらされている」「やってやっている」と思って仕事をしているからこそ口をついて出てくるものです。

50代でこれを実験しておかないと大変なことに

わたしは独立して成功した人、失敗した人、会社のなかでうまくいく人、うまくいかない人をたくさん見てきましたが、パッシブに「やらされている」「やってやっている」感覚で仕事をする人でうまくいった人を正直、見たことがありません。いわんや独立には絶対に向いていません。

なぜなら、自分でビジネスを始めたら、最初は何から何まで自ら動かなければ何事も前に進んでいかないからです。上場企業の取締役経験者が退職後、航空券の手配もできなかったという笑うに笑えない話もあります。

「なんで俺がこんな仕事をやらなくちゃいけないんだ」とボヤく人は、肩書がなくなった途端、何もできない人になるリスクを抱えています。

彼らは目先のことしか見えていません。

今、自分のいる環境、今、自分が実践しているやり方が闇雲《やみくも》に正しいと思っています。しかし、それは会社という器が用意してくれた環境であり、周りが支えてくれて可能になるやり方にすぎません。

転職して「こんなはずじゃなかった」、フランチャイズのオーナーになって「本部が何もしてくれない」と嘆くことになるのも、この手のタイプの人たちです。

そんなパッシブな仕事の仕方を変えるためには、複業を通して何かにチャレンジし、外の世界の風にさらされることが効果的。実験としての複業が、多くのことを気づかせてくれます。

無駄に高いプライドがあるなら、その鼻っ柱は誰かが簡単に折ってくれます。その痛みを先に知っておくことが大切なのです。

もし、あなたが自分のいる会社がこの先、どうなるかわからないと感じているのであれば、いつ出て行っても大丈夫なように準備をしておくべきです。だからこそ、思い切りよく会社を辞めないこと。現状に不満があるときほど、外の芝生は青く見えます。

50歳の時点で少なくとも70歳までは現役で稼げるようにしておくためにも、複業に挑戦しておきたいものです。

自分で稼ぐ能力があるのか、ないのか。ないならば、どうすればそれが身に付くようになるのか。それをサラリーマンという安定した立場が続くうちに実験することで、50代でやるべきことが見えてきます。

こうした実験もまたインプットであり、定年後に向けた準備です。何もせず、いつもどおりに仕事をし続け、時折、会社への愚痴をこぼしながら定年の日を迎えてしまうと、時間を切り売りする仕事を本業にするしかなくなります。

稼ぐ力がないまま会社の外に出てしまった場合、その先の選択肢は一気に狭くなっていってしまいます。

あなたが思っているより働き方の選択肢は広がっている

また、今はフリーな働き方を支援してくれる時代になりました。

例えば、日本とアメリカでコワーキングオフィスを展開している「wework《ウィーワーク》」のサイトなどを見ればすぐにわかりますが、月数万円という単価で大企業のオフィスよりも魅力的な空間を借りることができます。

こうしたコワーキングオフィスやコワーキングスペースには、多種多様なビジネスを展開するベンチャー企業やフリーランサーが集まっています。そこでの交流は刺激となり、新たな発見、今までとは異なる着眼点を与えてくれるはずです。

狭い選択肢の中で物事を決めないこと。これはわたしが大学生によく伝えているメッセージですが、わたしたちが思っている以上に仕事ではおもしろいことがたくさん起きます。意外なアイデアや思わぬ出会いが、自分を想像もしていなかった生き方へといざなっていくことがあります。何歳であろうと可能性は狭めないことです。

また、何かを達成するときは、わたし自身も、わたしの周りにいる人たちもそうですが、**必ず1回は大きな試練にぶつかります。そこであきらめてしまうとゲームオーバーですが、乗り越えたとき、急にパッと道が開けていきます。**

厳しいときこそ、踏ん張ることが大事です。

会社員をしながらであれば、今の時代、複業で自己破産しなければいけない窮地に追い込まれることはまずありません。1つの道がゲームオーバーになったとしても、本業に戻る余地があります。大きなマイナスにはなりませんから、深く悩まずに試練と向き合っていきましょう。

朝の活用がクリエイティブな人生につながる

あなたは朝の時間をどのように使っていますか？

1分でも長く寝床にいたいという人も、夜型なので朝はボーッとしているという人も、年齢を重ねるつれ、目覚めが早くなってきたという人もいるでしょう。

朝がどうしても苦手という人もいるでしょう。それでもわたしは朝のトレーニングを勧めます。

なぜなら、**朝は早起きすることで、好きなだけ自分の時間を作ることができるから**です。

身支度と通勤に1時間かかり、始業が9時だとしても、6時に起きれば読書と運動にそれぞれ約1時間を割り当てることができます。もう少し余裕を持ちたければ、もう30分早く起きればいいでしょう。

夜、同じような自由時間を作ろうとしても、仕事が長引く、家族の用事に付き合う、友人知人と飲みに行くなど、不確定要素が多くてうまくいきません。その点、朝の時間はコントロールしやすく、ここで頭と体のインプット、アウトプットを済ませることで、すっきりした状態で1日を過ごすことができます。

脳のゴールデンタイムである朝に知識をインプットし、ランニングやスイミング、ウォーキングなど、自分に合った有酸素運動を行ってみましょう。この組み合わせは、年齢に関係なく心身を若返らせ、人生を充実させてくれます。


トレーニングを始めると、多くの人がそれほど待たずに体力の向上を実感することができます。ランニングやウォーキング、スイミングなら走れる距離、歩ける距離、泳げる距離が伸びていき、ウェイトトレーニングなどの場合、持ち上げられる重量が目に見えて増えていきます。

これはトレーニングを始めるまで運動習慣がなかった人ほど、顕著です。

とはいえ、急にお腹回りの贅肉が一気になくなるわけではないように、体力が急に向上したわけではありません。

初期に起きる大きな変化は、その人がもともと持っていた潜在的な体力が引き出された結果。意図的に体を動かしてあげることで、眠っていた力が目覚めるようなイメージです。

実際、わたしのトライアスロンチームのメンバーでも、初心者ほど自分の成長を実感し、強い達成感を得ています。運動をし始めた時期に得られる満足感がジャンプ台となって、習慣化に成功していきます。

ちなみに、**運動の習慣化成功のコツは、タイムや順位など、数字に表れる結果によって成果を「見える化」すること**です。

週末に行われている距離別の小さなマラソン大会に出場して、1回目よりも2回目、2回目よりも3回目の順位が上がっていく。あるいは、スイミングクラブの計測会でタイムがじわじわと縮んでいく。

こうした見える成果は、とてもうれしいものです。

わたしたちはそのうれしさをまた味わいたいので、運動が習慣化し始めるほど、タイムや順位を上げたいという欲が出てきます。すると、不思議なもので運動以外の生活習慣も変わっていくのです。

太ったらタイムが落ちるので暴飲暴食を意識的に避けるようになりますし、疲れが取れないとトレーニングに身が入らないので無駄な夜更かしをすることもなくなります。わたしのチームでも、トライアスロンを始める前はタバコを吸っていたのに、一度レースを完走したら禁煙したという人がたくさんいます。

運動の習慣化には、体に悪い習慣をリセットしていく副次効果もあるのです。

ラクに流されない仕組みを作っておく

とはいえ、人間は基本的に怠け者で、ラクな方へ、ラクな方へと流されるものです。

わたしにも経験がありますが、運動を習慣化する場合も、「今日は雨だから」「昨日は飲み過ぎたから」「明日、大事なミーティングがあるから」ともっともらしい理由を付けて、体を動かすのを避けようとしてしまいます。

そこでストッパーとなるのは「やる気になればできる！」という意志力ではなく、怠ける自分を動かすための仕組みです。


わたしは、１人では絶対に苦しい時期を乗り切ることができないとわかっていたので、外部からの強制力を利用してきました。**その強制力とは、仲間のこと**です。

40歳でトライアスロンを始めたときも、最初にやったのはトライアスロンチームを作ることでした。みんなでトレーニングをしていると、サボりたいからといって「俺、今日はやめとくわ」と抜けるわけにはいきません。

また、ジムやネットを介して運動を個人的に指導してくれるパーソナルトレーナーを付けるのもよい仕組みです。

予約を取り、トレーニングのスケジュールを確保してしまうことで何も悩まずに運動を続けることができます。また、トレーニング中もラクに流れることなく一定の強度が保たれるので、運動効果が上がりやすく、成果も出て、やる気も保たれるという好循環が生まれるのです。

仲間やトレーナーの存在は、運動を習慣化した先にある体のうれしい変化や、安定したメンタルのよいお手本にもなります。

トレーニングを習慣化させて、「満足感や達成感のために何かを続ける」ことを覚えると、その感覚は仕事にも生きてきます。

今、取り組んでいる仕事や職場の環境を好きになり、楽しいと感じられるようになれば、人間関係の悩みも向き合うべきトレーニングメニューの一環として捉えられるようになります。

お金のためにつまらない仕事、しんどい環境に耐えると思っていると神経をすり減らすことになりますが、**「楽しいから、自分を成長させてくれるから」と前向きに取り組めるようになると、トレーニングと同じく小さな満足感と達成感を得られるようになる**のです。

50歳からの食事は引き算で考える

食事は生活の基本で、健康を支える土台です。

食べたものが明日以降の体を作り、ちょっとした食習慣のケアの差が長年の積み重ねの中で、健康状態の大きな違いになっていきます。

50代になると生活習慣病に関連する薬を毎日飲み続けなければいけない人も増えてきます。食習慣が理由で発症する病気には、糖尿病、肥満症、脂質異常症、高血圧症などがあります。そして、これらが進行すると、心筋梗塞や脳卒中などの循環器疾患に発展するリスクが高まってしまうのはご存じのとおりです。

また、過度な飲酒によって発症する病気としては、肝硬変や脂肪肝などの肝疾患が代表的。生活習慣病は、発症してしまうと状態が悪化する傾向が強いため、医師は予防の重要性を訴えています。

とはいえ、若い頃はこうした警告をあまり真剣に受け止めないものです。わたしも以前は1日3食、食べたいものを食べたいだけ食べていました。しかも、1年365日中、ほぼ300日は外食するという日々。30代は日本でもハワイでも朝は家でしっかり食べ、昼と夜は仕事絡みの会食。フルコースで楽しんでいたのです。

これでは完全に食べ過ぎだと危機感を抱き、真剣に食生活の改善に取り組んだのは40代後半になってから。**健康を考えてサプリを摂るなど、足し算での食生活の改善ではなく、引き算でいろいろと実験していきました。**

そのためにまずやめたのが、朝ごはんです。

朝を食べないと不健康になるという説もありますが、野生の肉食獣で朝ごはんを食べる習慣のある生き物はいません。腹をすかせて、狩りをして、獲れたときに食べるのが何千年も続くスタイルです。

一方、1日3食の食生活が確立したのは、19世紀の頃のこと。まだ200年しか経っていません。大量生産と大量輸送が可能になったことで確立した食生活のスタイルです。

アメリカは朝にパンやホットケーキを、日本は米を、主食として大量生産している穀物を消費するための国策事業という側面もあります。

もちろん、食のスタイルに100%正しい答えはありませんから、「朝、食べないと力が出ない」という人は昼、夜で調整し、一日の食全体で量を整えてもいいでしょう。

自分の体、ライフスタイルに合った食生活とは

わたしの場合、朝ごはんを食べるのをやめた数日こそ、昼前までに強い空腹を感じていました。しかし、その後はむしろ朝食を摂っていた頃よりお腹がすかず、昼まで固形物を胃に入れたくない感覚が増していきました。

朝食に食べるメニューというのは基本的に炭水化物が中心で、その消化の過程で体がもっと糖質を求めます。それで、昼ごはんにパスタやカレーなどの炭水化物を入れると、ま

た糖質が欲しくなり、デザートに甘いものを摂ってしのいだ後、晩ごはんをたっぷり……炭水化物中心の朝食を食べていると、そういうサイクルに陥りがちです。

逆に朝ごはんをやめてみたら、体が糖質を求めないので昼も食べ過ぎなくなりました。さらに、最近は昼ごはんに固形物を摂るのもやめています。

消化器に必要以上の負担をかけずに野菜や果物の良質な栄養素が吸収できると聞き、コールドプレスジュースを飲むようにし、その効果を実感。朝ごはんを抜き、昼ごはんをコールドプレスジュースに置き換え、その分、夜は好きなように食べるというメリハリをつけるスタイルを確立していきました。これが引き算で作ったわたしの食のスタイルです。

一般的なダイエットのシステムは「晩ごはんを減らしましょう」という仕組みになっています。寝る前の食事が一番太るからダメだ、と。たしかに理論上は正しい見解です。しかし、わたしの生活に当てはめると、ディナーを我慢すると人生で一番楽しい時間を失うことになってしまいます。それでは何のための節制かわかりません。

そこで、朝昼に無駄なものを食べない。1日1食に近い仕組みを作りました。

ただし、同じ仕組みをあなたに勧めるわけではありません。人それぞれ、食生活のスタイルがあり、3食のうち一番楽しみにしている食事があると思います。

自分が最も重視している食事のタイミングを大事にし、それ以外の部分を引き算してトータルのバランスを整える。それが50代以降の健康を維持する食生活の基本になっていきます。

3ヶ月に1度の軽い断食で、体を内側からリセット

わたしは、とにかく食べるのが好きです。

1年の5ヶ月をハワイ、5ヶ月を日本、2ヶ月は世界中を旅するというライフスタイルを続けているのも、世界各地の食を楽しめるというのが大きな理由の1つになっています。

50歳になった今、晩ごはんに主軸を置くような食生活のスタイルを整えたとはいえ、お酒も人並み以上に飲みますから、定期的に体をリブート（再起動）する必要性を感じています。

そこで、**実践しているのがジュースクレンズという一種の断食**です。

これは3日間、ジュースだけを飲み続けるというもの。最初にジュースクレンズを体験したとき、内臓が休息し、体が軽くなっていく感覚がありました。また、体内の毒素が便とともに外に出ていき、全身が内側から洗い流されていく感覚もあり、以来、3日間のジュースクレンズを3ヶ月に1回のペースで取り入れています。

1日目で体が反応し始めて、2日目で浄化され、3日目でリブートされる感覚。3日間なら、週末+1日で実践できるので忙しいビジネスパーソンでも取り入れやすいというメリットもあります。

ジュースクレンズの何がいいかと言えば、食生活や普段食べているものを見直す1つのトリガーになること。完全な断食ではないので、「終わったら好きなだけ食べてやる!」という飢《き》餓《が》感《かん》はなく、**クレンズで1回体をキレイにした後は、自然と変なモノは食べたくないと体が感じます。**

現代人の食生活は食べ過ぎで、栄養も必要以上に摂っています。その分、どこかで引き算する必要があるのです。一流のアスリートの中にもシーズンを終えると断食を実践し、内臓の疲労をリセットしている人が少なくありません。

わたしはジュースクレンズを行っていますが、あなたも自分に合った形での断食を生活の中に取り入れてみてはいかがでしょうか。

寿命が長くなっても、不健康な状態で長生きするのはつらいことです。生きているけれど、思うように体が動かないことの辛さは想像に難くありません。今できる努力はしておいて損はないはずです。内臓の機能を落とさないためにも、自分でコントロールできることはコントロールしていきましょう。

睡眠時間を削ってがんばる、ほど非効率なことはない

睡眠は体と脳を休める時間として、とても重要なものです。

特に脳内では目覚めている間にインプットした記憶やデータを整理し、まとめるという情報処理が行われています。50代になり、記憶力が落ちてきたな……と感じているなら、睡眠の質を改善することが1つの対策になるかもしれません。

わたしは昔から睡眠を重視してきました。徹夜はもちろんのこと、睡眠不足になるとフ

イジカル、メンタルにも疲労が溜まり、自分のパフォーマンスが極端に落ちていく自覚があったからです。

そこで昔から毎日必ず7、8時間の睡眠時間を確保するようにしています。

脳科学の研究によると、3、4時間の睡眠で十分に脳が回復するショートスリーパーと呼ばれる人たちも確かにいるようです。ただし、その割合は人口の1%だとか。たいていの人は、いわゆるモーレツ社員的な働き方をしていると、「わたしは少々寝なくても大丈夫」と豪語していても、睡眠不足によって体にじわじわとダメージが蓄積している可能性が高いのです。

眠りを上手にコントロールするための方法としてオススメしたいのは、就寝時間と起床時間を記録すること。基礎的なデータを揃えることで自分の睡眠が十分なのか、不足しているのか、客観的に判断できるようになります。

わたしは仕事や会食の影響で睡眠時間が短い日が続いた場合、「そろそろ疲れが溜まってくるな」と時間をマネジメントして睡眠時間を増やしています。

また、睡眠時間の管理も以前は手書きのメモなどで処理していましたが、今は睡眠状態を記録、管理できる優秀なアプリが複数リリースされています。

睡眠時間、眠りの質、いびきの有無、寝返りの回数など、より具体的に把握できるようになりました。いくつか試してみて、自分の生活スタイルに合うものを活用してみてはどうでしょうか。

昼間のパフォーマンスを最大限に高める睡眠の工夫

睡眠の質を高めるうえで大事にしたいのが目覚め方です。

ハーバード大学をはじめとする睡眠に関するさまざまな研究によると、起床時に太陽光を浴びることが脳の働きを良くすることがわかっています。

これは狩猟時代も農耕時代も人間は朝日とともに目覚めていたから。目覚まし時計のアラーム音で起きるようになったのは現代になってからの話です。考えてみると、自然界での暮らしで音によって目覚めるのは、外敵に襲われたときだけ。

研究によると、アラーム音での起床後は目こそ覚めるものの、認知機能をはじめ、創造的な作業をするための高次脳機能はぼんやりしたままだそうです。これが朝起きてもボーッとしてしまう理由の1つかもしれません。

その点、陽の光を浴びると脳の機能全体が活性化されるので、すっきり起きることができます。わたしはハワイでも東京でも、寝室のカーテンは付けずに太陽が昇るのに合わせて目覚めるようにしています。日が長い夏は起床時間が早くなり、日が短い冬は遅くなります。

30代からこの習慣が身についているので、日の出の時間がくると自然と目が覚め、基本的に早寝早起きの生活を送っています。

睡眠に関して、もう1つ大切にしているのが昼寝の時間です。

わたしは毎日30分程度の短い昼寝をします。体内時計の働きで、人間は午後の13時から14時前後になると眠くなるようにできています。これは遺伝子レベルで調整されているものだそうで、あらがって無理していても能率は下がるだけです。

逆に短時間でも昼寝を挟むと脳がスッキリし、集中力が高まることもデータとして明らかになっています。**睡魔と戦いながら60%のパフォーマンスで5時間がんばるよりも、昼寝をして100%のパフォーマンスで3時間がんばる方が確実に質の高い仕事ができます。**

ただし、昼寝は長く取りすぎないのがポイントです。30分以上眠ってしまうと脳が深い睡眠に入ってしまい、起きたときしばらくボーッと寝ぼけた状態になってしまうからです。

こうしたトラブルを避けるためには、昼寝の前にカフェインが入った飲み物を飲む方法がオススメです。脳を興奮させるカフェインの働きは体内に入ってから30分ほどしてから効果を発揮するので、昼寝直後の目覚ましに最適。会社勤めの人でもランチ後の時間で空いている会議室などを使い、短い昼寝を実践してみてはどうでしょうか。

早起きと昼寝の組み合わせによって、脳を快適な状態に保ち、1日を過ごせるようになるはずです。

会社名や肩書抜きで「自分」を語れる訓練を

「名刺を渡してはいけない」

「自分の会社名を言ってはいけない」

この2つのルールを守ったうえで、初対面の相手に3分間で自己紹介をしていく。

これは、わたしが以前行っていた「パーソナル・マーケティング」のトレーニングセミナーで行っていた「自己紹介エクササイズ」です。

2つのルールを守った結果、自分の名前とやってきた仕事、実績、得意なこと、趣味などを中心に自己紹介をしていくことになります。ところが、参加してくれた多くのビジネスパーソンは戸惑い、3分を持て余していました。

というのも、日頃は名刺交換から入り、会社の名前や肩書から業界や職種の話をしつつ、自己紹介をしていたからです。多くの人が「○○会社の△△」としての自己紹介には慣れているものの、「自分はこんなビジネスパーソンです」「わたしはこんな強みを持っています」という形での説明には不慣れになっています。

しかし、会社名や役職名が入った名刺の効力は、あなたが会社を辞めた途端になくなってしまいます。そうなったとき、何を自己紹介で語るべきなのでしょうか。

残るのはあなたの実績や強みです。それをきちんと表現できるようにするトレーニングの1つが、「自己紹介エクササイズ」でした。

このエクササイズは簡単に試すことができます。事前にノートなどに2つのルールを守る形での自己紹介の文章を作ってみて、実際に初対面の人と出会ったとき、自己紹介をしてみましょう。

書き出しながら自分の実績や強みを洗い出すステップは、**あなたが周囲の人や社会に対してどんな貢献ができ、何を提供できるかを棚卸しする作業にもなります。**

ここで言う「強み」とは、「人に教えられることを持っていること」です。ただ、誤解してほしくないのは、あなたが一方的に話したいこと、伝えたいことではないということ。「人に教えられること」とは、「相手が詳しく知りたいと思って聞いてくれること」です。話した本人だけが「いいことを教えた」「伝えきった」と満足した気になっても、それは誰かに貢献したことにはなりません。興味を持たれる実績、相手が求めているトピックについて語り、伝えられることが強みです。

相手のニーズを想像する視点を忘れずに、あなたの持っている能力、スキル、知識、経験の中で「人に教えられること」があるかどうか。そんな視点から自己紹介文に「**自分が人に教えられること**」「**教えられるレベルかわからないけれど、得意なこと**」を書き加えてみましょう。

アドバイザー的な仕事を作り出す、という戦略

周囲に対して貢献できる強みを持っている人は、定年後であっても社会から必要とされる存在になれます。ただし、その場合、フルタイムでの仕事にこだわらないことが重要です。経営者の立場からすると、どれだけ強みのある人でも60代の人材を正社員で雇い入れるのは勇気がいるもの。その代わり、顧問やアドバイザーという形で月に数回手伝ってくれる存在としては非常に頼りになります。

その場合、1社から得られる報酬は月に5万円～。

前にも述べたように、わたしはアメリカ留学時代、国内のベンチャー企業数社と契約し、最新のインターネット事情をレポートにして送っていました。これも1社から得られる報酬は数万円でしたが、複数の会社と契約することで留学中の生活費を賄うには十分な額を稼ぎ出すことができました。

こうしたイメージで定年後、貢献できる強みを使って、いくつかの会社をクライアントとして開拓していけば、正社員時代に近い収入を得ることも可能です。**フルタイムの仕事**

が見つからないから退職金と年金で……という発想になるのではなく、アドバイザー的な仕事を作り出していく。そんな戦略でこの先のキャリアを考えてはいかがでしょうか。

常に「誰の役に立てるのか」の視点を持つ

「自分の経験や知識が会社の外でどういう価値を持ち、どんな評価を受けるのか」を知るために今日からすぐにできることがあります。

昔は社内の広報誌や業界紙くらいしか発信の手段はなく、それですら載せてもらうまでのハードルはとても高いものでした。ましてや一般に流通する雑誌や新聞は高嶺の花。それが今はパソコンやスマホに書き出し、アップロードすればすぐに世の中に発信することができます。そして、自分の持っている情報に価値があるかのどうかもすぐにわかります。こんなに便利で、いい時代はありません。

なにより書くことそのものにもメリットがあります。書き出すことであなたの持っている経験や知識の棚卸しもでき、自分の中で考えを体系的に整理し直すこともできます。

そのとき心がけてもらいたいのは、自分を商品として客観的に捉えることです。

「ターゲットになる読者はどんな人たちか？」
「読者が求めているものは何か？」
「自分が読者に提供できる知識、役立てることは何か？」

この3つを徹底的に考えてみてください。これらは仕事をしているとき、誰もがやっている基本的な考え方です。しかし、自分のことを発信するとなると、なかなか客観的に考えることができません。

同じような経験を積み、似たようなスキルを持っていても、評価される人とそうでない人の差はそこにあります。

「この情報は誰の役に立つのか？　その人たちに届けるにはどう伝えていけばいいのか？」と考えられる人は、知識や経験を発信することで評価されます。逆に「がんばっていいことを書いたから、あとは勝手に読者が見つけて、読んでくれるはず」と考えているような人は、たいてい埋もれていきます。

前者は自分を客観視して、マーケティング的に誰かの役に立ちたいと考えられる人で、後者は昔気質《かたぎ》の「いいものを作ればいい」という職人的な考え方の人です。「本当にいいもの」なら誰かの役に立てるかもしれませんが、役に立つかどうかを決めるのは発信側ではありません。

それでも、会社の中で働くうえでは、職人的な考え方でも周囲が評価してくれました。しかし、数多くの情報が錯綜している外の世界に出るときには、マーケティング的な思考を取り入れ、常に「それが誰の役に立つのか?」を考えながら、自分の「強み」を発信していく必要があります。

アウトプットをし続けていくことの価値

ところが、上の世代になればなるほど、自分がわからないことは否定する傾向が強いので、情報発信そのものに懐疑的です。

「今日は何を食べたと発信して、何の意味がある?」と。

しかし、先にも述べたように、それを判断するのは受け取る側の人たちです。毎日、コンビニエンスストアで食べたアイスを感想とともに写真付きでアップし続け、今では製菓メーカーのアドバイザーを務めるアイス評論家になったビジネスパーソンもいます。あるいは、ビジネスの現場で鍛えた語学力を駆使し、SNSなどで単語の語源や会話文の解説をしながらファンを増やし、ネットの動画通話サービスで語学を教える複業を始めた元商社マンもいます。

彼らは自分の決めた方向性に向けて、適切な行動や情報発信というアウトプットをしていった結果、新たな活躍の場を掴むことができたのです。

ただし、相手が求めていないことをいくら発信しても、コントリビューション（貢献）にはなりません。ニーズとマッチしていることが重要です。

とはいえ、昔ながらの自分の価値観を守り続けていても誰かが見つけてくれるわけではありません。仕事の始め方も、周囲からの評価の基準も変わっている時代だからこそ、自ら動き、発信することで自分の新しい可能性の扉が開いていくことを忘れないでおきましょう。

人生が変わったきっかけは「好きなことをやろう」

発信の方法、手段はより手軽にシンプルになっています。

インスタグラムを通じて世界中にファンを獲得してしまったbonpon511というアカウントのご夫妻をご存じでしょうか？

夫のｂｏｎさんと妻のｐｏｎさん。２人は仙台で暮らす60代のご夫妻で、夫のｂｏｎさんが広告代理店を定年退職した年に、娘さんの勧めもあってインスタグラムを始めました。アップされている写真は、２人のリンクコーデです。

リンクコーデとは、ペアルックとは違い、一部の色、柄、素材を合わせたり、靴やメガネのアイテムを揃えたりして、リンク、つまり「つながり」を持たせるコーディネートのこと。その写真とファッションが「おしゃれ」「かわいい」「癒やされる」と評判になり、雑誌、新聞、サイトからの取材が殺到。台湾、香港、シンガポールなどの海外メディアにも紹介され、約80万人のフォロワーを持つ人気となっています。

今では旅雑誌に夫妻での連載を持ち、講演に呼ばれ、書籍を出版し、企業のアドバイザーも務めています。

その人気の背景にあるのは、写真から伝わってくる夫妻の仲の良さ、お互いへの信頼感、そして若い頃からファッションが好きで磨き上げてきたコーディネート力です。ただ、夫妻がインスタグラムを始めたのは、好きなことをやろうという思いからでした。

ところが、それが多くの人に貢献することになりました。何か熱いメッセージを書き綴るわけでもなく、ファッションの知識を披露するわけでもなく、コーディネートのアドバイスをするわけでもなく、ただただリンクコーデを切り取った写真の力によって数多くの人たちから評価され、60代から一気に人生の新しい扉を開いていったのです。

変化していく人生を、楽しめる人でいるために

わたしはよく「仕事と遊びの垣根をなくせ」と言っています。

現代はデジタルツールを使って新しいチャレンジをするチャンスが広がっています。

インスタグラム？　なにそれ？　自分には関係ないと思う人と、よくわからないけど試

しにやってみようかなと思える人では、どちらが人生の可能性を広げられるでしょうか。**人生は壮大な実験です。何が功を奏すか誰にもわかりません。だから、小さな試行錯誤を続けること**です。

幸い、わたしたちが若い頃よりも、ネットなどのインフラやデジタルツールの発展で、選択肢は増え、いろいろなことがやれる環境が整っています。bonpon511ご夫妻はそのいい例ではないでしょうか。シニアと呼ばれる世代がインターネットを使ってすごいことをやり始める。そんな人たちがたくさん出てくる社会はとても刺激的で魅力的だと思います。

事実、１９９０年代は複業を実現しようとしても難しい環境でした。そもそも会社が社員の複業を認めることはなく、また、こっそり始めようにもスタート時に多額の金銭的、時間的なコストが必要でした。

それが今はインターネット上のさまざまなサービスを駆使することで、お金と時間の両方のコストを限りなくゼロに近い形でスタートを切ることができます。隙間時間を使って別の仕事ができる、いい時代になったのです。

それはそのまま**50代以降の生活の選択肢と可能性の拡大**につながっています。あとはその流れに乗っかるのか、旧来の価値観のまま傍観しているのか。環境がいくら整ったとしても、**最後に変化を楽しむかどうかを決めるのは本人**です。

柔軟な発想を持てば、50歳から始められることはたくさんあります。人生100年時代だからこそ、アンテナを広く、好奇心を持って自分の可能性を広げていきましょう。

参考サイト／Ｙａｈｏｏ！ＪＡＰＡＮ「平成から令和へ　インタビュー・平成、そして新時代〜

いかがわしくあれ、新しい文化に立ちすくむな　孫正義インタビュー」

https://heisei.yahoo.co.jp/interview/4.html

青春新書
INTELLIGENCE

こころ涌き立つ「知」の冒険

いまを生きる

"青春新書"は昭和三一年に——若い日に常にあなたの心の友として、その糧となり実になる多様な知恵が、生きる指標として勇気と力になり、すぐに役立つ——をモットーに創刊された。

そして昭和三八年、新しい時代の気運の中で、新書"プレイブックス"にその役目のバトンを渡した。「人生を自由自在に活動《プレイ》する」のキャッチコピーのもと——すべてのうっ積を吹きとばし、自由闊達な活動力を培養し、勇気と自信を生み出す最も楽しいシリーズ——となった。

いまや、私たちはバブル経済崩壊後の混沌とした価値観のただ中にいる。その価値観は常に未曾有の変貌を見せ、社会は少子高齢化し、地球規模の環境問題等は解決の兆しを見せない。私たちはあらゆる不安と懐疑に対峙している。

本シリーズ"青春新書インテリジェンス"はまさに、この時代の欲求によってプレイブックスから分化・刊行された。それは即ち、「心の中に自らの青春の輝きを失わない旺盛な知力、活力への欲求」に他ならない。応えるべきキャッチコピーは「こころ涌き立つ"知"の冒険」である。

予測のつかない時代にあって、一人ひとりの足元を照らし出すシリーズでありたいと願う。青春出版社は本年創業五〇周年を迎えた。これはひとえに長年に亘る多くの読者の熱いご支持の賜物である。社員一同深く感謝し、より一層世の中に希望と勇気の明るい光を放つ書籍を出版すべく、鋭意志すものである。

平成一七年

刊行者　小澤源太郎

著者紹介
本田直之〈ほんだ なおゆき〉
レバレッジコンサルティング株式会社代表取締役。シティバンクなどの外資系企業を経て、バックスグループの経営に参画し、常務取締役としてJASDAQ上場に導く。現在は、日米のベンチャー企業への投資育成事業を行う。ハワイ、東京に拠点を構え、年の5ヶ月をハワイ、3ヶ月を東京、2ヶ月を日本の地域、2ヶ月をヨーロッパを中心にオセアニア・アジア等の国々を旅しながら、仕事と遊びの垣根のないライフスタイルを送る。（社）日本ソムリエ協会認定ソムリエ。アカデミー・デュ・ヴァン講師。明治大学・上智大学非常勤講師。
著書に、レバレッジシリーズをはじめ、『何を捨て何を残すかで人生は決まる』（小社刊）、『トップシェフが内緒で通う店150』（KADOKAWA）等があり、著書累計300万部を突破し、韓国・台湾・香港・中国・タイで翻訳版も発売。

50歳《さい》からのゼロ・リセット　青春新書 INTELLIGENCE

2019年6月1日　第1刷

著者　本《ほん》田《だ》直《なお》之《ゆき》

発行者　小澤源太郎

責任編集　株式会社プライム涌光
電話　編集部　03(3203)2850

発行所　東京都新宿区若松町12番1号 〒162-0056　株式会社青春出版社
電話　営業部　03(3207)1916　振替番号　00190-7-98602

印刷・中央精版印刷　製本・ナショナル製本

ISBN978-4-413-04569-8